Susanne Müller

Kleingebäck

Mürbteig-Ostereier
Rezept Seite 26

Mohrenkopf
Rezept Seite 74

Holländische Rondjes
Rezept Seite 34

Rosinenbrötchen
Rezept Seite 46
Nußhörnchen, Honigbrezeln
Rezepte Seite 48

Susanne Müller

Klein-gebäck

Süß und pikant

BLV Verlagsgesellschaft
München Wien Zürich

CIP-Titelaufnahme der Deutschen
Bibliothek

Müller, Susanne:
Kleingebäck: süss u. pikant
Susanne Müller. [Fotos: Corinna Lipka]. –
München; Wien; Zürich:
BLV Verlagsgesellschaft, 1988
(BLV Essen und geniessen; 553)
ISBN 3-405-13562-1
NE: GT

BLV Essen und genießen 553

© 1988 BLV Verlagsgesellschaft mbH,
München
8000 München 40

Fotos: Corinna Lipka
Titelfoto: Pete A. Eising, München

Satz und Druck: Appl, Wemding
Bindung: R. Oldenbourg, München

Printed in Germany · ISBN 3-405-13562-1

Zu den Rezepten

Verwendete Abkürzungen

EL gestrichener Eßlöffel
TL gestrichener Teelöffel
ml Milliliter
l Liter
g Gramm
kg Kilogramm

Orangen- und Zitronenschale werden
stets von unbehandelten Früchten
verwendet.

Wenn die in den Rezepten genannte
Sahne nicht genauer bezeichnet wird, so
ist süße Sahne gemeint.

Ein Wort
voraus

Einen gemütlichen Plausch mit Freunden führen, bei Kaffee und Kuchen oder bei einem Glas Wein und pikantem Gebäck. Selbstgebackenem natürlich! Daß Ihnen die Bäckerei leicht von der Hand geht, dabei will dieses Buch helfen.

Sie finden bekannte, gebräuchliche Rezepte, aber auch Neues, Ausgefallenes und einige regionale Spezialitäten, so daß Sie an Ihrem Kaffeetisch für Abwechslung sorgen können.

Auch dem zunehmendem Ernährungsbewußtsein wird Rechnung getragen. Süßes muß der Gesundheit nicht abträglich sein. Es kommt nur auf die Zubereitung an. Schon bei den klassischen Rezepten wurde in diesem Buch versucht, mit möglichst wenig Zucker auszukommen. Bei den Vollkornrezepten wird Zucker durch andere Süßmittel ersetzt.

Backen ist, mit einer wichtigen Einschränkung, eine schöpferische Tätigkeit: Bei Füllungen, Belägen, Verzierungen können Sie Ihrer Phantasie Spielraum lassen, bei den Teigrezepten aber sollten Sie sich genau an die gemachten Angaben und die aufgeführte Reihenfolge halten.

Viel Spaß beim Backen und Genießen wünscht Ihnen
Susanne Müller

Inhalt

Inhalt

Backen leicht gemacht

Vorbereitung
▷ Zuerst das ganze Rezept genau durchlesen.
▷ Alle erforderlichen Zutaten und Küchengeräte bereitstellen.
▷ Vorbereitende Arbeiten als erstes erledigen, z.B.: den Teig zubereiten und kalt stellen; Nüsse häuten und mahlen; Käse reiben; Obst oder Gemüse waschen, abtrocknen und zerkleinern; Blech oder Formen buttern oder mit Backpapier belegen usw.

Zubereitung von Cremes
▷ Zum Schlagen keine Kupfergefäße verwenden, am besten sind Kunststoffschüsseln.
▷ Für eine *Sahnecreme* Sahnefestiger oder Gelatine verwenden.
▷ Soll eine Cremefüllung nicht so kalorienreich sein, kann man statt Sahne Eischnee oder Dessertschaum verwenden.
▷ Bei *Buttercreme* darauf achten daß Pudding und Butter dieselbe Temperatur haben, sonst gerinnt die Creme beim Vermischen. Also den Pudding abkühlen lassen und die Butter bei Zimmertemperatur verwenden.
▷ Beim Abkühlen von Pudding etwas Butter auf die Oberfläche streichen, dann bildet sich keine Haut.
▷ *Buttercreme gerinnt:* Etwas Kokosfett sehr heiß werden lassen und sofort in die Buttercreme gießen. So lange rühren, bis die Creme wieder glatt ist.
▷ Gebäckstücke mit Füllungen aus Sahne- oder Buttercreme gut gekühlt aufbewahren.

Umgang mit Gelatine
▷ Gelatine immer in kaltem Wasser 10 Minuten einweichen. Bei schwacher Temperatur auflösen.
▷ Gelatine darf nie kochen, sie schmeckt sonst leimig.
▷ Die heiße Creme langsam unter die Gelatine rühren, nie umgekehrt. Die Gelatine muß etwas abgekühlt sein, sonst bilden sich Klümpchen.
▷ *Klümpchen:* Die ganze Masse leicht erwärmen, die Gelatine löst sich dann wieder auf.
▷ Sahne oder Eischnee darf erst unter die Gelatinecreme gezogen werden, wenn die Creme schon so weit geliert, daß man mit einer Gabel »Straßen« ziehen kann, sonst setzt sich die Gelatine ab.
▷ Gelatinespeisen bzw. -cremes zum Festwerden 3–4 Stunden in den Kühlschrank stellen. Bei Temperaturen über 30 °C wird Gelatine wieder flüssig.

Aprikotieren
Kuchen werden aprikotiert, damit sie nicht austrocknen oder damit ein glatter Untergrund für eine Glasur entsteht.
▷ 100 g Aprikosenkonfitüre mit dem Saft von ½ Zitrone erwärmen, durch ein Sieb streichen und auf den heißen Kuchen pinseln.

Puderzuckerglasur
▷ Puderzucker mit wenig Flüssigkeit (Zitronen-, Orangensaft, Rum, Likör usw.) anrühren, mit einem breiten Messer oder Pinsel zügig auf dem Gebäck verstreichen.
▷ *Dunkle Glasur:* Mit Kakao färben.

Backen leicht gemacht

▷ *Glänzende Glasur:* Auf den kalten Kuchen auftragen.

▷ *Matte Glasur:* Auf den warmen Kuchen auftragen.

Kuvertüre

▷ Kuvertüre (hell oder dunkel) in größere Stücke schneiden und im Wasserbad schmelzen. Nicht zu heiß werden lassen! Es darf kein Tropfen Wasser dazukommen!

▷ *Kleine Gebäckstücke:* Ganz in Kuvertüre tauchen.

▷ *Größere Stücke:* Die Kuvertüre darübergießen und rasch mit einem breiten Messer verstreichen.

▷ Kuvertüre wird besonders glatt, wenn man zum Schluß mit einer Palette über das Gebäck streicht. Die Palette zuvor in heißes Wasser tauchen und abtrocknen.

Backtemperaturen

▷ Backtemperaturen können stets nur Mittelwerte sein. Unbedingt eine *Garprobe* machen: Mit einem Zahnstocher in die Gebäckmitte stechen. Das Gebäck ist fertig, wenn kein Teig mehr daran hängen bleibt.

▷ Falls der Kuchen von oben zu dunkel wird, mit Alufolie abdecken.

▷ *Friteuse:* In schwimmendem Fett bei 175 °C backen.

Einfrieren

Rohe Teige
Zum Einfrieren geeignet: Blätterteig, Mürbteig, Hefeteig, Quarkteig.
Zum Einfrieren nicht geeignet: Rührteig, Brandteig, Biskuit-, Baiser- und Makronenmasse.

▷ Praktisch zum Einfrieren sind Aluformen und -förmchen, die später gleich zum Backen verwendet werden können.

Fertige Gebäckstücke
Zum Einfrieren geeignet: Gebäcke aus Blätter-, Rühr-, Mürb-, Hefe- und Quarkteig und aus Biskuitmasse; Mürbteig wird sogar noch zarter.

▷ Lagerfähigkeit: 2–3 Monate bei − 18 °C.

▷ Gebäck aus Hefeteig noch lauwarm einfrieren.

▷ Alles Gebäck muß ohne Glasuren und Kuvertüre eingefroren werden!

Zum Einfrieren nicht geeignet: Gebäcke aus Brandteig, Baiser- und Makronenmasse, sie werden schwammig.

Auftauen

▷ *Rohe Teige* in der geöffneten Verpackung bei Zimmertemperatur oder über Nacht im Kühlschrank auftauen lassen.

▷ *Fertige Gebäckstücke* bei Zimmertemperatur in der verschlossenen Verpackung auftauen lassen. Die Feuchtigkeit schlägt sich an der Verpackung nieder, die dann vorsichtig abgenommen wird. Einzelne Stücke benötigen etwa 1 Stunde.

▷ *Mürbteig- und Hefeteiggebäcke* unaufgetaut bei 200 °C 10 Minuten aufbacken. Sie schmecken dann wie frisch gebacken.

Backen leicht gemacht

Zutaten

Mehl
Die Mehltypenbezeichnung gibt den Ausmahlungsgrad an. Für die klassische Bäckerei wird Weizenmehl Type 405, für die Vollkornbäckerei Weizenvollkornmehl Type 1700 verwendet. Vollkornmehl hat eine geringere Haltbarkeit. Wer eine Getreidemühle besitzt, sollte das Mehl kurz vor der Verarbeitung sehr fein mahlen.
▷ Wird im Rezept Backpulver verwendet, sollte es gründlich mit dem Mehl vermischt werden.
▷ Zum Mehl kommt immer eine Prise Salz.

Eier
Verwendet werden frische Eier der Gewichtsklasse 3 (60 g bis unter 65 g) und der Güteklasse A. Die Nummer der Verpackungswoche steht auf dem Eierkarton. Eier einzeln über einer Tasse aufschlagen und keines ohne Geruchsprobe verwenden.
Frischeprobe: Das Ei in eine Schüssel mit kaltem Wasser legen. Ein frisches Ei bleibt am Boden, ein altes steigt an die Oberfläche. Beim Aufschlagen muß der Dotter halbkugelförmig gewölbt und deutlich vom Eiklar getrennt sein.

Vanilleschote
Mit einem spitzen Messer der Länge nach aufritzen und auskratzen. Die leere Schote nicht wegwerfen, sondern in ein fest verschließbares Gefäß geben und mit sehr feinem Zucker füllen, so entsteht der echte *Vanillezucker.*

Nüsse, Mandeln
Ungehäutete, ungemahlene Nüsse/Mandeln kaufen, sie bleiben wesentlich länger frisch.
Haselnüsse häuten: Auf einem Backblech bei 180 °C 8–10 Minuten rösten. In ein Küchenhandtuch geben und die Nüsse aneinanderreiben. Die Häutchen gehen dann leicht ab, und die gerösteten Nüsse haben ein intensiveres Aroma.
Mandeln häuten: Mit kochendem Wasser überbrühen, kurz ziehen lassen, dann kalt spülen. Die Mandeln rutschen jetzt leicht aus der Haut. Trocknen lassen und wie für das Rezept erforderlich weiterverarbeiten.

Speisestärke
▷ Kommt sie zum Teig: mit dem Mehl vermischen.
▷ Kommt sie zur Eimasse: erst in 1–2 EL kaltem Wasser oder Milch auflösen, dann unterrühren.

Quark
Vor der Verarbeitung in einem sauberen Küchentuch gut ausdrücken oder durch ein feines Sieb ablaufen lassen.

Zucker
Verwendet wird die feine Raffinade (feiner oder feinster Zucker).
▷ Puderzucker klumpt leicht, daher sieben.
Die Vollkornbäckerei verwendet keinen Zucker, sondern andere Süßmittel, zum Beispiel Ahornsirup, Honig oder Birnendicksaft. Marzipan wird durch Honigmarzipan ersetzt (erhältlich im Reformhaus oder Bioladen).

Blätterteig

Da die Herstellung von Bätterteig sehr arbeitsaufwendig ist, wird in den Rezepten *Tiefkühlblätterteig* verwendet, den es in sehr guter Qualität zu kaufen gibt (1 Paket = 300 g). Typisch für diese Teigart ist die splittrige, blättrige Struktur; sie entsteht auf grund des hohen Fettanteils, der in Lagen (Touren) eingearbeitet wird.

▷ Die Teigplatten aus der Packung nehmen und nebeneinander bei Zimmertemperatur ca. 1 Stunde auftauen lassen. Möglichst kühl weiterverarbeiten (im kühlen Raum, ideal zum Auswellen ist eine Marmorplatte).

▷ Die Teigplatten aufeinanderlegen und mit möglichst wenig Mehl auswellen. Den Teig nie kneten, sonst ist er nicht mehr blättrig.

▷ Teigreste übereinanderlegen und erneut auswellen.

▷ Blätterteig mit einem scharfen Messer zerschneiden, noch besser mit einem Backrädchen, zerdrückte Teigstellen blättern nicht mehr.

▷ Blätterteig auf ein mit kaltem Wasser benetztes oder mit Backpapier ausgelegtes Backblech legen.

▷ Die Gebäckstücke mit verquirltem Eigelb bestreichen, damit sie eine schöne Farbe bekommen. Vorsicht: die Ränder dabei nicht verkleben.

▷ Im vorgeheizten Ofen bei 220 °C backen.

Quarkblätterteig (Vollkornrezept)

*250 g Weizenvollkornmehl, mit 1 Messerspitze Backpulver vermischt * 250 g Magerquark, gut ausgedrückt * 1 Messerspitze Salz * 250 g kalte Butter, in Scheiben geschnitten*

Das Mehl auf ein Backbrett schütten, Quark, Salz und Butter dazugeben und mit einem Messer schnell zusammenhacken. Zu einem Teig kneten und 1 Stunde kühl stellen. Weiterverarbeitung wie Blätterteig.

Blätterteig

Süßes Blätterteiggebäck

Schweinsöhrchen

Foto Seite 14

*2 Pakete Tiefkühlblätterteig (je 300 g),
aufgetaut * 200 g Zucker *
100 g Kuvertüre, im Wasserbad
geschmolzen*

Die Blätterteigscheiben mit etwas Zucker bestreuen und aufeinanderlegen. Auf Zucker ca. 5 mm dick auswellen. Mit dem restlichen Zucker bestreuen. Von beiden Längsseiten zur Mitte hin aufrollen. Von den Rollen 5 mm dicke Scheiben abschneiden und auf ein kalt abgespültes Backblech legen. Bei 220 °C ca. 12 Minuten backen. Vom Blech nehmen und erkalten lassen. Ein Ende mit Kuvertüre bestreichen.

Marzipanhörnchen

*1 Paket Tiefkühlblätterteig (300 g),
aufgetaut * 200 g Marzipanrohmasse *
1 Eigelb, mit 1 EL Sahne verquirlt*

Den Blätterteig auswellen und in ca. 10 Dreiecke schneiden. Auf die Spitze jedes Dreiecks etwas Marzipanrohmasse geben, von der Spitze her aufrollen und zu einem Hörnchen formen. Auf ein kalt abgespültes Backblech legen und mit Eigelb bestreichen. Bei 220 °C ca. 15 Minuten backen.

Schuhsohlen

Foto Seite 14

*2 Pakete Tiefkühlblätterteig (je 300 g),
aufgetaut * 150 g Zucker*

Den Blätterteig auf Zucker ca. 5 mm dick auswellen. Mit Zucker bestreuen. Mit dem Backrädchen Ovale ausrädeln. Auf ein kalt abgespültes Backblech legen und bei 220 °C ca. 12 Minuten backen.

Zuckerbrezeln

*1 Paket Tiefkühlblätterteig (300 g),
aufgetaut * 2 Eigelb, mit 1 EL Sahne
verrührt * 50 g gehackte Mandeln *
50 g Hagelzucker*

Den Teig zu einem Rechteck auswellen und in Streifen schneiden. Die Streifen zu Brezeln formen und auf ein kalt abgespültes Backblech legen. Mit Eigelb bestreichen und mit Mandeln und Hagelzucker bestreuen. Bei 220 °C ca. 12 Minuten backen.

Schillerlocken

Foto Seite 14

*1 Paket Tiefkühlblätterteig (300 g),
aufgetaut * 1 Eigelb, mit 1 EL Sahne
verrührt * 3 EL gehackte Mandeln *
250 g Sahne, mit 1 EL Zucker steif
geschlagen*

Aus extra starker Alufolie 8 Rechtecke (10 × 20 cm) ausschneiden, jedes Rechteck zum Quadrat falten und zu einer Tüte drehen. Die Blätterteigscheiben aufeinanderlegen und zu ei-

Blätterteig

nem 24 × 35 cm großen Rechteck auswellen. In 8 etwa 3 cm breite Streifen schneiden. Jeden Streifen spiralenförmig um eine Alutüte wickeln, dabei an der Spitze beginnen. Mit Eigelb bestreichen und mit Mandeln bestreuen. Auf ein kalt abgespültes Backblech legen und bei 220 °C ca. 20 Minuten backen. Erkalten lassen und von den Formen lösen. Mit Schlagsahne gefüllt servieren.

Kopenhagener

Füllung
*¼ l Sahne **
*Mark von 1 Vanilleschote **
*2 EL Zucker * 1 EL Speisestärke, mit*
*2 EL Milch angerührt * 2 Eigelb*

1 Paket Tiefkühlblätterteig (300 g),
*aufgetaut **
1 Eigelb, mit 1 EL Sahne verrührt

Für die Füllung die Sahne mit dem ausgeschabten Vanillemark und Zucker aufkochen. Speisestärke dazugeben und unter Rühren kurz kochen lassen. Vom Herd nehmen, etwas abkühlen lassen, dann erst die Eigelbe unterrühren.
Blätterteig auswellen und in ca. 10 Vierecke schneiden. Etwas Füllung in die Mitte geben und die Teigstücke zur Mitte hin zusammenfalten. Mit der Falte nach unten auf ein kalt abgespültes Backblech legen und mit Eigelb bestreichen. Bei 220 °C ca. 15 Minuten backen.

Cremeschnitten

Foto Seite 14

2 Pakete Tiefkühlblätterteig (300 g),
*aufgetaut * 150 g Puderzucker,*
mit wenig Zitronensaft glatt gerührt

Füllung
*¾ l Milch **
*2 Päckchen Vanillepuddingpulver **
*40 g Zucker * 2 Eigelb*

Den Blätterteig auswellen und ein kalt abgespültes Backblech damit belegen. Bei 220 °C 12 Minuten backen, erkalten lassen und in 3 gleich große Platten schneiden. Eine Platte in der Größe der fertigen Schnitten in rechteckige Stücke schneiden und mit Puderzuckerglasur bestreichen.
Für die Füllung ⅛ l Milch mit dem Puddingpulver anrühren. Die übrige Milch mit Zucker aufkochen. Das angerührte Puddingpulver dazugeben und unter Rühren kurz durchkochen. Vom Herd nehmen, dann erst die Eigelbe unterrühren, erkalten lassen. Die Hälfte der Creme auf einen Blätterteigboden streichen, mit dem zweiten Boden abdecken, die restliche Creme aufstreichen und mit den vorbereiteten Teigstücken abdecken. Mit einem scharfen Messer in Stücke schneiden.

1

2

4

5

7

8

Blätterteig

Apfelrollen
Foto Seite 15

*1 Paket Tiefkühlblätterteig (300 g),
aufgetaut ✻
1 Eigelb, mit 1 EL Sahne verrührt ✻
100 g Puderzucker, mit wenig
Zitronensaft glattverrührt*

*Füllung
2 Äpfel gewaschen, geschält, grob
geraffelt und mit 2 EL Zitronensaft
beträufelt ✻ 75 g gehackte Mandeln ✻
2 EL Rosinen ✻ 2 EL Zucker*

Den Blätterteig auswellen und Rechtecke ausschneiden. Die Zutaten für die Füllung vermischen, die Teigstücke damit belegen und zusammenrollen. Auf ein kalt abgespültes Backblech heben und mit Eigelb bestreichen. Bei 220 °C 15–20 Minuten backen. Mit Puderzuckerglasur überziehen.

Schnelle Aprikosentaschen

*1 Paket Tiefkühlblätterteig (300 g),
aufgetaut ✻ 1 Eigelb, mit 1 EL Sahne
verrührt ✻ 100 g Puderzucker, mit
wenig Zitronensaft glattverrührt*

*Füllung
1 Becher Vanillepudding (150 g) ✻
1 Dose Aprikosenhälften (425 ml),
gut abgetropft*

Den Blätterteig auswellen und in Quadrate schneiden. In die Mitte jeweils 1 EL Vanillepudding und darauf 1 Aprikosenhälfte geben. Die Teigecken gegeneinander hochklappen und

gut zusammendrücken. Die Taschen auf ein kalt abgespültes Backblech setzen und mit Eigelb bestreichen. Bei 220 °C 15–20 Minuten backen. Mit Puderzuckerglasur überziehen.

Quark-Rosinen-Taschen
Vollkornrezept

*Quarkblätterteig (Seite 11) ✻
1 Eigelb, mit 1 EL Sahne verrührt ✻
2 EL gehackte Haselnüsse*

*Füllung
150 g Magerquark ✻
3 EL saure Sahne ✻
2 EL Zitronensaft ✻ 2 EL Honig ✻
50 g Rosinen*

Den Quarkblätterteig auswellen und in Quadrate schneiden. Die Zutaten für die Füllung verrühren und auf die Teigstücke geben. Die Teigspitzen zur Mitte hin übereinanderklappen und etwas andrücken. Auf ein kalt abgespültes Backblech heben, mit Eigelb bestreichen, mit den Nüssen bestreuen. Bei 220 °C 15–20 Minuten backen.

Pikantes Blätterteiggebäck

Blätterteigstangen
Foto Seite 14

*1 Paket Tiefkühlblätterteig (300 g),
aufgetaut ✻ 1 Eigelb ✻
wahlweise geriebener Hartkäse,
Kümmel, Sesam oder Mohn*

Blätterteig

Die Blätterteigscheiben mit dem Backrädchen in Streifen teilen. Mit Eigelb bestreichen, mit Käse, Kümmel, Sesam oder Mohn bestreuen. Auf ein kalt abgespültes Backblech legen und bei 220 °C ca. 10 Minuten backen.

Schinkenspiralen
Foto Seite 14

1 Paket Tiefkühlblätterteig (300 g), aufgetaut * 5 Scheiben roher Schinken * 1 Eigelb

Die Blätterteigscheiben mit dem Backrädchen in Streifen teilen. Den Schinken in gleich lange und breite Streifen schneiden. Die Teigstreifen mit Eigelb bestreichen, je einen Schinkenstreifen darauflegen und zur Spirale drehen. Auf ein kalt abgespültes Backblech legen und bei 220 °C ca. 10 Minuten backen.

Schinkenschnecken
Foto Seite 14

1 Paket Tiefkühlblätterteig (300 g), aufgetaut * 1 Eigelb * 5 Scheiben gekochter Schinken

Die Blätterteigscheiben mit Eigelb bestreichen, mit dem Schinken belegen und von der Längsseite her aufrollen. Mit einem scharfen Messer in Scheiben schneiden und auf ein kalt abgespültes Backblech legen. Bei 220 °C ca. 10 Minuten backen.

Schinkenhörnchen
Foto Seite 14

1 Paket Tiefkühlblätterteig (300 g), aufgetaut * 1 Eigelb, mit 1 EL Sahne verquirlt

*Füllung
150 g gekochter Schinken, gewürfelt und mit 1 Eiweiß sowie 2 EL gehackter Petersilie vermischt*

Den Blätterteig auswellen und in Dreiecke schneiden. Auf jedes Teigstück etwas Füllung geben. Von der Spitze her aufrollen, zu Hörnchen formen. Auf ein kalt abgespültes Backblech setzen, mit Eigelb bestreichen. Bei 220 °C ca. 15 Minuten backen.

Fischtaschen
Foto Seite 14

1 Paket Tiefkühlblätterteig (300 g), aufgetaut * 1 Eigelb, mit 1 EL Sahne verrührt

*Füllung
250 g Kabeljaufilet, pochiert, erkaltet, mit 1 Ei, 1 EL Zitronensaft, Salz, Pfeffer sowie 3 EL gehacktem Dill verrührt*

Den Blätterteig auswellen. 8 Fischformen ausschneiden. Die Hälfte davon auf ein kalt abgespültes Backblech legen. Die Teigränder mit etwas Wasser bestreichen und die Fischfüllung in die Mitte geben. Mit den übrigen Formen abdecken, gut zusammendrücken. Mit Eigelb bestreichen. Bei 220 °C 15–20 Minuten backen.

Blätterteig

Spargelrollen   Foto Seite 14

*1 Paket Tiefkühlblätterteig (300 g),
aufgetaut **
1 Eigelb, mit 1 EL Sahne verrührt

Füllung
*500 g Spargel, gewaschen, geschält,
gegart, erkaltet (oder 1 Dose Spargel,
425 ml) * 4 Scheiben gekochter
Schinken * 80 g Leberpastete,
mit 1 EL Cognac verrührt*

Den Blätterteig auswellen, 4 Rechtecke ausschneiden. Den Spargel in gleich lange Stangen schneiden, so lang wie die Teigstücke. Jede Schinkenscheibe mit Leberpastete bestreichen. Jeweils einige Stangen Spargel in eine Schinkenscheibe hüllen und auf ein Teigstück legen. Zusammenrollen und mit Eigelb bestreichen. Auf ein kalt abgespültes Backblech heben und bei 220 °C 15–20 Minuten backen.

Griechische   Foto Seite 14
Fetataschen

*1 Paket Tiefkühlblätterteig (300 g),
aufgetaut **
1 Eigelb, mit 1 EL Sahne verrührt

Füllung
*1 Schalotte, geschält, fein gehackt,
zusammen mit 1 Paket Tiefkühl-
blattspinat (300 g) gedünstet, mit
Salz und Pfeffer gewürzt, erkaltet **
50 g Schafkäse * 30 g Pinienkerne

Den Blätterteig zu 4 Rechtecken auswellen. Eine Hälfte von jeder Platte

mit Spinat, Schafkäse und Pinienkernen belegen. Ränder mit Wasser bestreichen und die andere Teighälfte über die Füllung klappen. Die Ränder zusammendrücken. Die Taschen auf ein kalt abgespültes Backblech heben und mit Eigelb bestreichen. Bei 220 °C 15–20 Minuten backen.

Blätterteigpasteten
Foto Seite 15

*1 Paket Tiefkühlblätterteig (300 g),
aufgetaut **
1 Eigelb, mit 2 EL Sahne verrührt

Zum Garnieren
*4 Salatblätter * 2 Tomaten,
gewaschen, geviertelt **
etwas Petersilie

Aus 2 Scheiben Blätterteig mit einem größeren Glas 4 Kreise (= Böden) ausstechen und auf ein kalt abgespültes Backblech legen. Aus dem restlichen Teig mit demselben Glas weitere 8 Kreise ausstechen, aus diesen aber mit einem kleinen Ausstecher oder Schnapsglas die Mitte entfernen. Diese kleinen Kreise sind später die Deckel. Die 4 Böden am Rand mit kaltem Wasser bestreichen und auf jeden 2 Ringe setzen. Die Pasteten und die Deckel mit Eigelb bestreichen. Bei 220 °C 15–20 Minuten backen.
Nach Belieben mit Ragout fin oder sonstigen Ragouts, auch einfachem Frikassee füllen – selbst zubereitet oder Fertigprodukt –, die Deckel aufsetzen, mit Salatblatt, Tomate und Petersilie garnieren und gleich servieren.

Rührteig

Für einen Rührteig sollten alle Zutaten zimmerwarm verarbeitet werden.

Die Butter schaumig rühren, dann langsam den Zucker dazugeben und nach und nach die Eier. So lange rühren, bis sich der Zucker ganz aufgelöst hat (darf nicht mehr knirschen). Dann das mit Backpulver vermischte Mehl unterrühren. Der Teig hat die richtige Konsistenz, wenn er schwer reißend vom Löffel fällt.

▷ Zum Würzen eignen sich abgeriebene Zitronen- oder Orangenschale, Vanillinzucker, Kakaopulver oder Rum.

▷ Rührteig geht stark auf, daher die Formen nur zu zwei Dritteln füllen.

▷ Rührteig wird im vorgeheizten Ofen bei 180–200 °C gebakken.

Rührteig

Süßes Rührteiggebäck

Quarknapfküchlein
Vollkornrezept

100 g zimmerwarme Butter ∗
150 g Ahornsirup ∗ 3 Eier ∗
1 TL abgeriebene Zitronenschale ∗
200 g Magerquark, ausgepreßt ∗
350 g Weizenvollkornmehl,
mit 1 Päckchen Backpulver und
1 Messerspitze Salz vermischt ∗
100 g ungeschwefelte Rosinen ∗
Fett, Semmelbrösel für die Förmchen

Butter, Ahornsirup und Eier schaumig rühren. Zitronenschale, Quark und Mehl unterrühren, dann die Rosinen. Kleine Napfkuchenförmchen gut fetten und mit Semmelbröseln ausstreuen. Den Teig in die Förmchen füllen. Bei 200 °C ca. 30 Minuten backen.

Orangen-Marzipan-Törtchen

250 g zimmerwarme Butter ∗
150 g Zucker ∗ 4 Eier ∗
1 EL abgeriebene Orangenschale ∗
200 g Mehl, mit 1 EL Backpulver
und 1 Messerspitze Salz vermischt ∗
125 g Speisestärke ∗ 100 g Marzipanrohmasse, mit 2 EL Orangenmarmelade verknetet ∗ 100 g Puderzucker,
mit wenig Orangensaft verrührt

Butter und Zucker schaumig rühren. Langsam die Eier, dann Orangenschale, Mehl und Speisestärke unterrühren.

Den Teig in Papierbackförmchen von 6–8 cm Durchmesser geben. In die Mitte jedes Törtchens eine Marzipankugel drücken. Bei 200 °C 30–35 Minuten backen. Mit Puderzuckerglasur überziehen.

Walnußtörtchen
Vollkornrezept

Teig
250 g zimmerwarme Butter ∗
150 g Ahornsirup ∗ 4 Eier ∗
1 TL Zimt ∗ 300 g Weizenvollkornmehl, mit 1 Päckchen Backpulver und 1 Messerspitze Salz vermischt ∗
150 g grobgemahlene Walnußkerne

2 El Ahornsirup, mit 1 EL lauwarmem Wasser verrührt ∗
40 g gehackte Walnußkerne

Die Zutaten für den Teig nacheinander verrühren, ein wenig quellen lassen, dann in Papierbackförmchen geben. Bei 200 °C ca. 35 Minuten backen. Noch heiß mit Ahornsirup bestreichen und mit den Nüssen bestreuen.

Anisschnitten

80 g zimmerwarme Butter ∗
250 g Zucker ∗ 5 Eier ∗
300 g saure Sahne ∗ 500 g Mehl,
mit 1 Päckchen Backpulver
vermischt ∗ 1 Messerspitze Salz ∗
1 EL gemahlener Anis

Die Zutaten nacheinander gut verrühren und auf ein mit Backpapier ausge-

1½ Butter
10 Eier
Mehl
Sauerkirschen
Vanillpudding
20g Kuvertüre
20g Cocosfett

legtes Backblech gießen. Bei 200 °C ca. 30 Minuten backen. Erkalten lassen und in Scheiben schneiden. Die Scheiben im Backofen bei 200 °C beidseitig kurz rösten.

Donauwellen

Teig
350 g zimmerwarme Butter *
250 g Zucker *
1 Päckchen Vanillinzucker *
7 Eier * 300 g Mehl,
mit 1 Päckchen Backpulver und
1 Messerspitze Salz vermischt *
3 EL Milch * 3 EL Kakaopulver *
1 Glas Sauerkirschen (460 g)

Creme
½ l Milch *
1 Päckchen Vanillepuddingpulver *
40 g Zucker * 1 Päckchen
Vanillinzucker * 50 g Butter

200 g Kuvertüre, mit 20 g Kokosfett im Wasserbad geschmolzen

Für den Teig Butter, Zucker und Vanillinzucker schaumig rühren. Langsam die Eier und dann das Mehl unterrühren. Den Teig in 2 Portionen teilen. Unter eine Hälfte Milch und Kakaopulver rühren. Den hellen Teig in die mit Backpapier ausgelegte Fettpfanne des Backofens geben, darauf den dunklen Teig streichen. Mit einer Gabel eine Marmorierung durch beide Teige ziehen. Die gut abgetropften Sauerkirschen darauf verteilen. Bei 180 °C 35–40 Minuten backen. Auf einem Gitter erkalten lassen.

Für die Creme von der Milch 6 EL abnehmen und mit dem Puddingpulver verrühren. Die restliche Milch mit Zucker und Vanillinzucker aufkochen. Das angerührte Puddingpulver unterrühren und kurz aufkochen. Erkalten lassen. Die Butter schaumig rühren und eßlöffelweise den erkalteten Pudding unterrühren. Butter und Pudding müssen dieselbe Temperatur haben. Die Creme auf den Boden streichen und mit der Kuvertüre überziehen. Im Kühlschrank fest werden lassen, dann in Stücke schneiden.

Flammende Herzen
Foto Seite 23

Teig
300 g zimmerwarme Butter *
100 g Puderzucker *
1 Päckchen Vanillinzucker *
2 Eier * 400 g Mehl,
mit 1 TL Backpulver vermischt *
1 Messerspitze Salz *
1 TL abgeriebene Zitronenschale *

½ Glas Himbeerkonfitüre *
200 g Kuvertüre, im Wasserbad geschmolzen

Die Zutaten für den Teig nacheinander gut verrühren. In einen Spritzbeutel mit Sterntülle füllen und gleichmäßige Herzformen auf ein gefettetes Backblech spritzen. Abstand dazwischen lassen. Bei 200 °C 20–25 Minuten backen.
Je 2 Formen mit Konfitüre bestreichen, zusammenklappen, erkalten lassen. Das breite Ende in Kuvertüre tauchen.

Rührteig

Amerikaner   Foto

Teig
100 g zimmerwarme Butter ∗
100 g Zucker ∗
1 Päckchen Vanillinzucker ∗
2 Eier ∗ 250 g Mehl,
mit 3 TL Backpulver vermischt ∗
4 EL Milch ∗
1 Päckchen Vanillepuddingpulver ∗
1 Messerspitze Salz

200 g Puderzucker, mit wenig
Zitronensaft verrührt

Die Zutaten für den Teig nacheinander gut verrühren. Mit zwei Eßlöffeln Teighäufchen auf ein gefettetes Backblech setzen. Größeren Abstand dazwischen lassen. Bei 200 °C 20–25 Minuten backen. Mit Puderzuckerglasur überziehen.

Cassata-Törtchen   Foto

Teig
250 g zimmerwarme Butter ∗
140 g Zucker ∗ 4 Eier ∗
1 EL abgeriebene Zitronenschale ∗
300 g Mehl, mit 1 EL Backpulver
und 1 Messerspitze Salz vermischt

Füllung
200 g Frischkäse ∗ 30 g Zucker ∗
4 EL Sahne ∗ 2 EL Amaretto ∗
30 g geraspelte Schokolade ∗
100 g kandierte Früchte, gewürfelt

150 g Puderzucker, mit wenig
Kirschlikör verrührt ∗
einige kandierte Kirschen, halbiert

22

Die Zutaten für den Teig nacheinander gut verrühren und in Papierbackförmchen mit 6–8 cm Durchmesser füllen. Bei 200 °C ca. 30 Minuten backen. Erkalten lassen, waagrecht halbieren. Frischkäse, Zucker, Sahne und Amaretto zu einer glatten Creme rühren. Schokolade und kandierte Früchte unterziehen. Die Füllung zwischen die Törtchenhälften geben. Die Törtchen mit Puderzuckerglasur überziehen und mit kandierten Kirschen verzieren.

Apfeltörtchen   Foto

250 g zimmerwarme Butter ∗
150 g Zucker ∗
1 Päckchen Vanillinzucker ∗ 4 Eier ∗
300 g Mehl, mit 1 TL Backpulver
und 1 Messerspitze Salz vermischt ∗
4 Äpfel, gewaschen, geschält,
Kernhaus entfernt, klein gewürfelt
und mit 3 EL Zitronensaft beträufelt ∗
Fett und Semmelbrösel
für die Förmchen ∗ 2 EL Puderzucker

Butter, Zucker und Vanillinzucker schaumig rühren. Langsam die Eier dazugeben, dann das Mehl, zum Schluß die Apfelstückchen. Kleine Napfkuchenförmchen gut fetten und mit Semmelbröseln ausstreuen. Den Teig in die Förmchen gießen. Bei 200 °C ca. 35 Minuten backen. Erkalten lassen, aus den Förmchen stürzen, mit Puderzucker bestäuben.

Variation
Kirschtörtchen: Statt der Äpfel 350 g Kirschen (gewaschen und entsteint) verwenden.

Amerikaner

Flammende Herzen, Rezept Seite 21

Apfeltörtchen

Cassata-Törtchen

Rührteig

Pikantes Rührteiggebäck

Pikante Butterkuchen

*200 g zimmerwarme Butter * 4 Eier *
1 TL Salz * 500 g Mehl, mit
1 Päckchen Backpulver vermischt *
knapp ⅛ l Milch * 3 Eiweiß, mit
1 Messerspitze Salz steif geschlagen *
2 Eigelb, mit 3 EL Sahne verrührt *
grobes Salz * Kümmelkörner*

Butter und Eier schaumig rühren. Das
Salz dazugeben und löffelweise das
Mehl. Die Milch unterrühren. Zum
Schluß den Eischnee vorsichtig mit
einer Gabel unterziehen. Den Teig auf
ein mit Backpapier belegtes Backblech streichen. Mit dem Eigelb bepinseln, mit Salz und Kümmel bestreuen.
Bei 200 °C 30 Minuten backen. In
gleichmäßige Schnitten teilen.

Mandel-Käse-Schnitten

*200 g zimmerwarme Butter * 4 Eier *
½ TL Salz * 250 g Mehl, mit
1 Päckchen Backpulver vermischt *
200 g gemahlene Mandeln *
knapp ⅛ l Milch *
3 Eiweiß, mit 1 Messerspitze Salz
steif geschlagen * 2 Eigelb, mit
3 EL Sahne verrührt *
50 g Hartkäse, gerieben *
40 g Mandelstifte*

Butter und Eier schaumig rühren.
Nach und nach Salz, Mehl und Mandeln dazugeben. Die Milch unterrühren. Zum Schluß den Eischnee vor-

sichtig mit einer Gabel unterziehen.
Den Teig auf ein mit Backpapier belegtes Backblech streichen. Mit Eigelb
bepinseln, mit Käse und Mandelstiften
bestreuen. Bei 200 °C 30 Minuten bakken. In gleichmäßige Schnitten teilen.

Sesam-Kräuter-Stangen
Vollwertrezept

*200 g zimmerwarme Butter *
4 Eier * 1 TL Kräutersalz *
250 g Weizenvollkornmehl, mit
1 Päckchen Backpulver vermischt *
200 g gemahlene Mandeln *
⅛ l Milch * 1 EL Origano,
getrocknet * 3 Eiweiß, mit
1 Messerspitze Salz steif geschlagen *
2 Eigelb, mit 3 EL Sahne verrührt *
Sesamsaat*

Butter und Eier schaumig rühren. Das
Salz dazugeben und löffelweise Mehl
und Mandeln. Milch und Origano unterrühren. Zum Schluß den Eischnee
vorsichtig mit einer Gabel unterziehen.
Den Teig auf ein mit Backpapier belegtes Backblech streichen. Mit Eigelb
bepinseln, mit Sesamsaat bestreuen.
Bei 200 °C 30 Minuten backen. In
gleichmäßige, stangenartige Streifen
schneiden.

Mürbteig

Mürbteig läßt sich sowohl klassisch als auch nach Vollkornrezepten äußerst vielseitig für süßes oder pikantes Kleingebäck verwenden. Zudem ist er unproblematisch in der Zubereitung.

▷ Fett dient bei Mürbteig als Lockerungsmittel und sollte möglichst kühl, aber knetbar sein.

▷ Zum Würzen von süßen Gebäckstücken eignen sich abgeriebene Zitronenschale, Vanillinzucker, Zimt, gemahlene Mandeln oder Haselnüsse (dann aber zusätzlich 1 Messerspitze Backpulver zufügen). Pikantes Gebäck kann mit geriebenem Käse oder getrockneten Kräutern verfeinert werden.

▷ Kleingebäck aus Mürbteig wird bei 200 °C im vorgeheizten Ofen gebacken.

Mürbteig
*250 g Mehl * 125 g Butter,*
*in Scheiben geschnitten **
*60 g Zucker **
*1 Messerspitze Salz * 1 Ei*

Pikanter Mürbteig
*250 g Mehl * 125 g Butter,*
*in Scheiben geschnitten **
*1 TL Salz * 1 Ei * nach Belieben*
3 EL geriebener Käse

Vollkornmürbteig
*230 g Weizenvollkommehl **
125 g Butter, in Scheiben
*geschnitten * 3 EL Ahornsirup*
*(oder Bimendicksaft oder Honig) **
*1 Messerspitze Salz * 1 Ei*

Pikanter Vollkornmürbteig
*230 g Weizenvollkommehl **
125 g Butter, in Scheiben
*geschnitten * 1 TL Salz **
*1 Ei * nach Belieben*
3 EL geriebener Käse

Die Zutaten von Hand oder mit der Küchenmaschine rasch zusammenkneten, in eine Folie wickeln, damit der Teig nicht austrocknet, und 30 Minuten in den Kühlschrank legen.

Mürbteig

Süßes Mürbteiggebäck

Mürbteigtaler   Foto

*Mürbteig (Seite 25) ***
½ Glas Himbeer- oder
*Johannisbeerkonfitüre ***
50 g Puderzucker

Den Teig auswellen und mit einem Glas Kreise ausstechen. Die Hälfte der Kreise mit einem kleineren Glas zu Ringen ausstechen. Kreise und Ringe auf ein mit Backpapier ausgelegtes Backblech legen und bei 200 °C ca. 12 Minuten backen. Die Kreise mit Konfitüre bestreichen und die Ringe daraufsetzen. Erkalten lassen, dann mit Puderzucker besieben.

Mürbteigringe   Foto

*Mürbteig (Seite 25) ***
*1 Eigelb, mit 2 EL Sahne verrührt ***
50 g Hagelzucker

Den Teig auswellen. Mit einem Glas erst Kreise, mit einem kleineren Glas dann zu Ringen ausstechen. Den Teig immer wieder zusammenkneten und neu auswellen. Die Ringe mit Eigelb bestreichen und mit Hagelzucker bestreuen. Auf ein mit Backpapier ausgelegtes Backblech legen und bei 200 °C 10–12 Minuten backen.

Mürbteig-Ostereier   Foto

Doppeltes Rezept Mürbteig
*(Seite 25) ***
100 g Marzipanrohmasse,
*mit 2 EL Puderzucker verknetet ***
100 g Nougatmasse, in dünne
*Scheiben geschnitten ***
*einige EL Himbeerkonfitüre ***
200 g Puderzucker, auf 4 Schüsselchen verteilt, mit wenig Zitronensaft angerührt und 3 der Schüsselchen mit je 1 Tropfen Speisefarbe rosa, hellblau und gelb gefärbt

Zunächst aus Papier eine Eischablone zuschneiden, das Oval soll so groß wie ein Hühnerei sein. Einen kleinen Tiefkühlbeutel zum Spritzen vorbereiten: einfach an einer der beiden unteren Ecken eine ganz kleine Spitze abschneiden, so daß ein sehr kleines Loch entsteht. Den Teig auswellen und mit der Schablone Eier ausschneiden. Auf ein mit Backpapier ausgelegtes Blech legen und bei 200 °C 10–12 Minuten backen. Auf einem Kuchengitter erkalten lassen. Die Hälfte der Mürbteigeier mit ausgerolltem und mit der Schablone ausgeschnittenem Marzipan oder Nougatscheiben belegen bzw. mit Konfitüre bestreichen. Mit den restlichen Mürbteigeiern zusammensetzen. Die Oberfläche mit der eingefärbten Glasur überziehen und trocknen lassen. Die ungefärbte Glasur in den Tiefkühlbeutel füllen, diesen oben zusammendrehen und Muster auf die Teigeier spritzen.

Mürbteig-Ostereier

Mürbteigtaler
Mürbteigringe

Eistörtchen
Rezept Seite 28

Schwäbische
Käseschnitten
Rezept Seite 28

Mürbteig

Eistörtchen Foto Seite 27

Mürbteig (Seite 25) *
Fett für die Tortelettförmchen *
1 Packung Fürst-Pückler-Eiscreme,
in Scheiben geschnitten *
¼ l Sahne, mit 2 EL Zucker
steif geschlagen *
2 EL Schokoladenstreusel *
1 kleines Glas Sauerkirschen,
gut abgetropft

Den Teig auswellen und 8 gefettete Tortelettförmchen damit auslegen. Ca. 20 Minuten bei 200 °C backen, erkalten lassen. Die Torteletts mit dem Eis auslegen. Mit Sahnetupfen und Schokoladenstreusel verzieren, mit Sauerkirschen umlegen und sofort servieren.

Schwäbische Käseschnitten Foto Seite 27

Doppeltes Rezept Mürbteig (Seite 25)

Belag
125 g Butter * *200 g Zucker* *
2 Päckchen Vanillinzucker *
abgeriebene Schale von
½ unbehandelten Zitrone *
4 Eigelb * *500 g Magerquark* *
500 g Sahnequark *
1 Päckchen Vanillepuddingpulver *
2 gehäufte EL Grieß *
1 Päckchen Backpulver *
4 Eiweiß, mit 1 Messerspitze Salz
steif schlagen

Den Teig auf dem mit Backpapier ausgelegten Backblech auswellen und den Rand hochziehen.

Für die Füllung Butter, Zucker, Vanillinzucker und Zitronenschale schaumig rühren. Langsam erst die Eigelbe, dann die übrigen Zutaten unterrühren, den Eischnee zuletzt unterheben. Die Füllung auf den Teigboden verteilen. Bei 200 °C ca. 50 Minuten backen. Erkalten lassen und mit einem scharfen Messer in Vierecke schneiden.

Variationen
Quark-Rosinen-Schnitten: Noch 150 g in Rum geweichte Rosinen zugeben.
Quark-Obst-Schnitten: Noch 1 Glas gut abgetropfte Sauerkirschen oder sonstiges Obst zugeben.

Erdbeer-Torteletts mit Baiserhaube

Mürbteig (Seite 25) *
Fett für die Tortelettförmchen *
3 EL Erdbeerkonfitüre *
350 g Erdbeeren, gewaschen,
geputzt, gut abgetropft

Baiserhaube
3 Eiweiß, mit 1 Messerspitze Salz,
1 EL Zucker und 1 EL Vanillinzucker
steif geschlagen

Den Teig auswellen und 8 gefettete Tortelettförmchen damit auslegen. Ca. 20 Minuten bei 200 °C backen, erkalten lassen. Die Torteletts mit Erdbeerkonfitüre bestreichen und mit den Erdbeeren belegen. Den Eischnee in einen Spritzbeutel mit Sterntülle füllen und auf jedes Tortelett eine Haube spritzen. Kurz übergrillen oder mit Oberhitze überbacken.

Mürbteig

Walnußhörnchen
Vollkornrezept

Vollkommürbteig (Seite 25) ∗
2 Eier ∗ 100 g Honig ∗
200 g grobgehackte Walnußkerne ∗
1 Eigelb, mit 2 EL Sahne verrührt

Den Mürbteig auswellen und Dreiecke ausradeln oder ausschneiden. Eier, Honig und Walnußkerne gründlich verrühren. Davon in die Mitte jedes Dreiecks 1 EL geben. Die Dreiecke von der Spitze her aufrollen und zu Hörnchen formen. Mit Eigelb bestreichen und auf ein mit Backpapier ausgelegtes Backblech setzen. Bei 200 °C ca. 15 Minuten backen.

Walnußschnitten
Vollkornrezept

Teig
250 g Weizenvollkommehl ∗
150 g gemahlene Mandeln ∗
100 g gemahlene Haselnüsse ∗
250 g Butter, in Scheiben
geschnitten ∗ 150 g Ahomsirup ∗
1 Ei ∗ 1 Eigelb ∗ 1 TL abgeriebene
Zitronenschale ∗ 1 Messerspitze Salz ∗
1 Eigelb zum Bestreichen

Belag
200 g Ahomsirup ∗ 1 Becher Sahne ∗
300 g grobgehackte Walnußkerne

Die Zutaten für den Teig verkneten und 1 Stunde kühl stellen. Dann ⅔ des Teiges zu einer Platte auswellen und ein mit Backpapier ausgelegtes Backblech damit belegen.

Die Zutaten für den Belag bei mäßiger Hitze zu einem dicken Brei rühren. Etwas abkühlen lassen und auf dem Teig verstreichen.
Den restlichen Teig auswellen und mit dem Backrädchen Streifen ausschneiden. Auf den Belag ein Gitter legen und mit dem Eigelb bestreichen. Bei 200 °C 50–60 Minuten backen. Erkalten lassen und in Vierecke schneiden.

Cremetörtchen

Mürbteig (Seite 25) ∗
Fett für die Tortelettförmchen ∗
3 El Aprikosenkonfitüre,
mit 1 TL Aprikosenlikör glattgerührt ∗
20 g Mandelblättchen

Füllung
¼ l Milch ∗ 2 EL Zucker ∗
1 Päckchen Vanillinzucker ∗
1 EL Speisestärke, in 1 EL Milch
angerührt ∗ 40 g gemahlene
Mandeln ∗ 2 EL Crème fraîche ∗
3 Eigelb

Den Mürbteig auswellen und 8 gefettete Tortelettförmchen damit auslegen.
Für die Füllung Milch, Zucker und Vanillinzucker aufkochen. Speisestärke unterrühren und kurz kochen lassen. Vom Herd nehmen, die Mandeln und Crème fraîche hineinrühren, zum Schluß die Eigelbe. Die Füllung auf die Mürbteigböden verteilen. Bei 200 °C 15–20 Minuten backen. Noch heiß mit der Aprikosenkonfitüre bestreichen und mit Mandelblättchen bestreuen.

Sesamringe
Vollkornrezept

Foto

Vollkornmürbteig (Seite 25) *
1 Eigelb, mit 2 EL Sahne verrührt *
Sesamsamen

Den Teig auswellen und mit einem Glas Kreise, daraus dann mit einem kleineren Glas Ringe ausstechen. Mit Eigelb bestreichen und mit Sesam bestreuen. Auf ein mit Backpapier ausgelegtes Backblech setzen und bei 200 °C ca. 12 Minuten backen.

Vanilleringe

Mürbteig (Seite 25), mit dem Mark von ½ Vanilleschote zubereitet *
1 Eigelb *
40 g Mandelblättchen

Den Teig auswellen. Mit einem Glas Kreise ausstechen, daraus mit einem kleineren Glas Ringe. Mit Eigelb bestreichen und mit Mandelblättchen belegen. Auf ein mit Backpapier ausgelegtes Backblech setzen und bei 200 °C ca. 12 Minuten backen.

Mürbteig

Schweizer Weggliküchlein
Vollkornrezept

Foto

Vollkornmürbteig (Seite 25) *
Fett für die Tortelettförmchen

Belag
60 g Butter * 3 Vollkornbrötchen,
in kleine Würfel geschnitten *
150 ml heiße Milch * 4 Eigelb *
80 g Ahornsirup *
120 g gemahlene Mandeln *
100 g Sahne * 40 g Rosinen *
4 Eiweiß, mit 1 Messerspitze Salz
steif geschlagen

Den Teig ausrollen und 8 gefettete Tortelettförmchen damit auslegen, die Ränder etwas andrücken.

Für den Belag die Butter schmelzen und die Brötchenwürfel darin rösten. Vom Herd nehmen, mit der heißen Milch übergießen und ziehen lassen. Eigelb und Ahornsirup schaumig rühren, Brötchenwürfel, Mandeln, Sahne und Rosinen unterrühren. Zum Schluß den Eischnee unterheben und die Masse in die Tortelettförmchen füllen. Bei 200 °C ca. 30 Minuten backen.

Mürbteig

Linzer Törtchen
Vollkornrezept

Teig
250 g Weizenvollkommehl *
250 g gemahlene Mandeln *
250 g Butter, in Scheiben
geschnitten * *150 g Ahornsirup* *
1 Ei * *1 Eigelb* *
je 1 Messerspitze Salz und gemahlene
Nelken * *1 TL gemahlener Zimt* *
Saft und Schale von ½ unbehandelten
Zitrone

1 kleines Glas Himbeerkonfitüre *
1 Eigelb

Die Zutaten für den Teig verkneten und 1 Stunde kühl stellen. Dann ⅔ des Teiges auswellen und 8 gefettete Tortelettförmchen damit auslegen, etwas andrücken. Mit Himbeerkonfitüre bestreichen. Den restlichen Teig auswellen und mit dem Backrädchen in Streifen schneiden. Auf den Toretletts ein Gitter legen und mit Eigelb bestreichen. Bei 200 °C ca. 30 Minuten bakken.

Mandelbrezeln

Mürbteig (Seite 25),
mit 100 g gemahlenen Mandeln,
1 Messerspitze Backpulver und
3 EL Crème fraîche zubereitet *
1 Eigelb, mit 2 EL Sahne verrührt *
20 g Hagelzucker *
30 g Mandelblättchen

Den Mürbteig mit den Händen zu ca. 5 mm dicken und 15 cm langen Rol-

len formen. Daraus Brezeln schlingen. Mit Eigelb bestreichen und mit Hagelzucker und Mandelblättchen bestreuen. Auf ein mit Backpapier ausgelegtes Backblech setzen und bei 200 °C ca. 12 Minuten backen.

Kokoszungen

Mürbteig (Seite 25),
mit 125 g Kokosflocken,
1 Messerspitze Backpulver und
1 zusätzlichen Eigelb zubereitet *
1 Eigelb, mit 2 EL Sahne verrührt *
20 g Kokosflocken

Den Teig auswellen und mit dem Backrädchen Ovale ausrädeln. Mit Eigelb bestreichen und mit Kokosflocken bestreuen. Auf ein mit Backpapier ausgelegtes Backblech setzen und bei 200 °C ca. 12 Minuten backen.

Pikantes Mürbteiggebäck

Schwarzwälder Specktörtchen

Pikanter Mürbteig (Seite 25) *
Fett für die Tortelettförmchen

Füllung
200 g Schwarzwälder Speck,
gewürfelt *
200 g Lauch, in feine Ringe
geschnitten, gewaschen und
in 20 g Butter 5 Minuten gedämpft *
2 Eier * *⅛ l Sahne* * *Salz* * *Pfeffer*

Mürbteig

Den Teig auswellen und 8 gefettete Tortelettförmchen damit auslegen. Bei 200 °C 5 Minuten vorbacken. Den Speck auf den Böden verteilen, den Lauch darübergeben. Eier und Sahne verrühren, würzen und darübergießen. Bei 200 °C noch ca. 20 Minuten bakken.

Kräutertörtchen

Pikanter Mürbteig (Seite 25) *
Fett für die Tortelettförmchen

Füllung
40 g Butter *
125 g Champignons, gewaschen, geputzt, in Scheiben geschnitten *
125 g Sauerampfer, gewaschen, in Stücke gezupft *
1 Stange Lauch, in dünne Ringe geschnitten, gewaschen *
Salz * Pfeffer *
je 2 EL Petersilie, Borretsch, Zitronenmelisse, klein geschnitten *
2 Eier * 100 g Crème fraîche

Den Teig auswellen und 8 gefettete Tortelettförmchen damit auslegen. Bei 200 °C 5 Minuten vorbacken. Die Butter schmelzen. Champignonscheiben, Sauerampferstücke und Lauchringe dazugeben und 5 Minuten dünsten. Vom Herd nehmen, salzen und pfeffern. Kräuter, Eier und Crème fraîche unterrühren und die Füllung auf den Teigböden verteilen. Bei 200 °C noch ca. 20 Minuten backen.

Fleischtörtchen

Pikanter Mürbteig (Seite 25) *
Fett für die Tortelettförmchen

Füllung
300 g Rinderhack *
1 Zwiebel, geschält, gewürfelt, in 20 g Butter glasig gedämpft *
1 Brötchen, in ⅛ l Weißwein eingeweicht, ausgedrückt *
40 g Speck, gewürfelt *
3 EL Crème fraîche *
Salz * Pfeffer *
Paprikapulver edelsüß

Den Teig auswellen und 8 gefettete Tortelettförmchen damit auslegen. Bei 200 °C 5 Minuten vorbacken. Die Zutaten für die Füllung vermengen und auf den Toretetts verteilen. Bei 200 °C noch ca. 20 Minuten bakken.

Käsewähen

Pikanter Mürbteig (Seite 25) *
Fett für die Tortelettförmchen

Füllung
3 Eier *
200 g Crème fraîche *
300 g Hartkäse, frisch gerieben *
Salz * Pfeffer

Den Teig auswellen und 8 gefettete Tortelettförmchen damit auslegen. Bei 200 °C 5 Minuten vorbacken. Die Zutaten für die Füllung verrühren und auf den Teig gießen. Bei 200 °C noch ca. 20 Minuten backen.

Holländische Rondjes
Foto

Pikanter Mürbteig (Seite 25) *
Fett für die Förmchen

Spinatfüllung
20 g Butter * *1 Schalotte,*
geschält, gewürfelt *
300 g Spinat, gewaschen, geputzt,
in Stücke gezupft *
Salz * *Pfeffer* * *Muskat*

Zwiebelfüllung
10 g Butter *
40 g Speck, gewürfelt *
2 große Zwiebeln, geschält, halbiert,
in dünne Scheiben geschnitten *
2 EL Weißwein * *Salz* * *Pfeffer* *
1 TL Kümmelkörner

Käsefüllung
75 g Speck, gewürfelt,
kroß gebraten *
100 g geriebener Hartkäse
(Emmentaler oder Gouda)

Guß
4 Eier * *¼ l Sahne* *
Salz * *Pfeffer*

Den Teig auswellen. Insgesamt 6 Rondjes- oder Tortelettförmchen mit 10 cm Durchmesser ausfetten und die Förmchen mit dem Teig auslegen. Bei 200 °C 5 Minuten vorbacken.
Für die Spinatfüllung die Butter erhitzen und die Schalottenwürfel darin anbraten. Den Spinat dazugeben und dünsten, bis alles Wasser verdampft ist. Würzen, auf 2 Teigböden verteilen.

Für die Zwiebelfüllung Butter und Speck erhitzen, die Zwiebelscheiben darin glasig dünsten, mit Weißwein ablöschen. Vom Herd nehmen, wenn alle Flüssigkeit verdampft ist. Würzen und auf 2 Teigböden verteilen.
Speck und Käse für die Käsefüllung auf 2 Teigböden verteilen.
Die Zutaten für den Guß verrühren und über alle Rondjes gießen. Bei 200 °C noch ca. 20 Minuten backen.

Variationen (jeweils für 2 Rondjes)
Tomatenfüllung: 4 Scheiben Salami, darauf 2 Tomaten, gewaschen und in Scheiben geschnitten.
Lauchfüllung: 20 g Butter erhitzen, 300 g Lauch (in dünne Ringe geschnitten, gewaschen) und 100 g gekochten Schinken (gewürfelt) darin anbraten, salzen und pfeffern.
Muschelfüllung: 10 g Butter erhitzen, 1 kleine Dose Miesmuscheln darin anbraten, mit 3 EL Weißwein ablöschen, salzen und pfeffern.
Schneckenfüllung: 20 g Kräuterbutter erhitzen, 1 kleine Dose Weinbergschnecken darin anbraten, mit 2 EL Weißwein ablöschen, mit Salz, Pfeffer und 1 durchgepreßten Knoblauchzehe würzen.

Käserollen
Foto
Vollkornrezept

Pikanter Vollkornmürbteig (Seite 25),
mit 50 g geriebenem Käse zubereitet *
1 Eigelb * *50 g geriebener Käse*

Den Teig zu gleichmäßig dicken Rollen von etwa 1,5 cm Durchmesser for

men und in gleich lange
Stücke schneiden. Mit Ei-
gelb bestreichen und mit
Käse bestreuen. Auf ein mit
Backpapier ausgelegtes
Backblech legen, bei
200 °C ca. 20 Minuten bak-
ken.

Schinken-Käse-Törtchen

Foto

Vollkornrezept

*Pikanter Vollkornmürbteig
(Seite 25) **
Fett für die Förmchen

Füllung
*4 Eier * ¼ l Sahne **
*150 g gekochter Schinken,
gewürfelt **
*300 g Käse, gerieben **
*Salz * Pfeffer*

Den Teig auswellen. Gefettete kleine Napfkuchen-
oder Briocheförmchen
mit dem Teig auslegen. Die
Zutaten für die Füllung verrühren und in die Förm-
chen gießen. Bei 200 °C
ca. 25 Minuten backen.

Holländische Rondjes

Käserollen

Schinken-Käse-Törtchen

35

Mürbteig

Basilikumtörtchen
Vollkornrezept

Pikanter Vollkornmürbteig (Seite 25) *
Fett für die Tortelettförmchen

Füllung
3 Bund Basilikum, fein gehackt *
½ Bund glatte Petersilie
fein gehackt *
1 Knoblauchzehe, durchgepreßt *
5 EL Olivenöl *
Salz * *Pfeffer*

Guß
3 Eier * *150 g Sahne* *
Salz * *Pfeffer*

Den Teig auswellen und 8 gefettete Tortelettförmchen damit auslegen. Bei 200 °C 5 Minuten vorbacken.
Die Zutaten für die Füllung verrühren und auf den Torteletts verteilen. Für den Guß Eier und Sahne verrühren und mit Salz und Pfeffer würzen. Auf die Kräutermasse gießen. Bei 200 °C noch ca. 20 Minuten backen.

Kleine Quiches lorraines

Pikanter Mürbteig (Seite 25) *
Fett für die Tortelettförmchen

Füllung
125 g Speck, gewürfelt,
kurz gebraten * *4 Eier* *
200 g Crème fraîche * *Salz* * *Pfeffer*

Den Teig auswellen und 8 gefettete Tortelettförmchen damit auslegen. Bei 200 °C 5 Minuten vorbacken.

Den Speck auf den Teigböden verteilen. Eier und Crème fraîche verrühren, würzen und in die Förmchen gießen. Bei 200 °C noch ca. 20 Minuten backen.

Rahmküchlein
Vollkornrezept

Pikanter Vollkornmürbteig (Seite 25) *
Fett für die Tortelettförmchen

Füllung
3 Eigelb *
2 Becher saure Sahne *
Salz * *Pfeffer*

Den Teig auswellen und 8 gefettete Tortelettförmchen damit auslegen. Bei 200 °C 5 Minuten vorbacken.
Eigelb und saure Sahne verrühren, salzen, pfeffern und auf die Torteletts gießen. Bei 200 °C noch ca. 20 Minuten backen.

Frischkäsetorteletts
Vollkornrezept

Pikanter Vollkornmürbteig (Seite 25) *
Fett für die Tortelettförmchen *
1 hartgekochtes Ei,
in Scheiben geschnitten *
einige Oliven *
frische Kräuter

Füllung
250 g Doppelrahmfrischkäse *
100 g Crème fraîche *
8 EL frische, feingehackte Kräuter *
Salz * *Pfeffer*

Mürbteig

Den Teig auswellen und 8 gefettete Tortelettförmchen damit auslegen. Bei 200 °C 10–15 Minuten backen, erkalten lassen.
Die Zutaten für die Füllung verrühren, in einen Spritzbeutel mit Sterntülle füllen, auf die Torteletts spritzen. Mit Eischeiben, Oliven, Kräutern verzieren.

Krabbenmousse-Törtchen

*Pikanter Mürbteig (Seite 25) *
*Fett für die Tortelettförmchen *
*50 g Krabben und einige
Dillzweiglein zum Verzieren

Füllung
*4 Blatt weiße Gelatine,
*eingeweicht, ausgedrückt *
*3 EL Zitronensaft *
*200 g Doppelrahmfrischkäse *
*50 g Krabben, im Mixer püriert *
*Salz * Pfeffer *
*3 EL Dill, fein gehackt *
⅛ l Sahne, steif geschlagen

Den Teig auswellen und 8 gefettete Tortelettförmchen damit auslegen. Bei 200 °C 25 Minuten backen und erkalten lassen. Um jedes Tortelett einen hohen Rand aus Alufolie legen.
Die Gelatine mit Zitronensaft bei milder Hitze auflösen, nicht kochen lassen. Frischkäse und Krabbenpüree unterrühren, mit Salz und Pfeffer würzen, kühl stellen. Sobald die Masse anfängt fest zu werden, Dill und Sahne unterziehen. Auf die Torteletts verteilen, in den Kühlschrank stellen. Mit Krabben und Dill verzieren.

Fischpastetchen
Vollkornrezept

*Pikanter Vollkornmürbteig (Seite 25) *
*Fett für die Förmchen * 1 Eigelb*

Füllung
*200 g Schollenfilet * 50 g Lachs *
*50 g Krabben * 3 Eier *
*150 g Crème fraîche *
*Salz * Pfeffer *
3 EL feingehackter Dill

Den Teig auswellen, mit ¾ davon gefettete kleine Napfkuchen- oder Briocheförmchen auslegen.
Für die Füllung Schollenfilet, Lachs und Krabben pürieren. Die übrigen Zutaten unterrühren, die Masse in die Förmchen füllen. Mit einem Teigdeckel aus dem Restteig verschließen. Aus Teigresten kleine Fische ausschneiden und die Deckel damit verzieren. Mit dem Eigelb bestreichen. Bei 200 °C ca. 25 Minuten backen.

Variation
Schneckenpastetchen: Für die Füllung 1 Dose Weinbergschnecken und 200 g Kalbfleisch (in Weißwein pochiert) pürieren, 3 Eier, 150 g Crème fraîche, Salz, Pfeffer und 20 g Kräuterbutter darunterrühren.

Mürbteig

Ungarische Quarktörtchen
Foto

Vollkornrezept

*Pikanter Vollkommürbteig (Seite 25) **
Fett für die Förmchen

Füllung
*3 Eier * 250 g Magerquark **
1 rote und 1 grüne Paprikaschote,
halbiert, geputzt, gewaschen,
*in kleine Würfel geschnitten **
*75 g gekochter Schinken, gewürfelt **
*1 EL Grieß * je 2 EL feingehackte(r)*
*Petersilie und Schnittlauch **
*Salz * Pfeffer*

Den Teig auswellen und in gefettete kleine Napfkuchen- oder Briocheförmchen drücken.
Für die Füllung Eier und Quark verrühren, mit den übrigen Zutaten vermischen. Die Füllung in die Förmchen geben. Bei 200 °C ca. 25 Minuten backen.

Tomatentörtchen
Vollkornrezept

*Pikanter Vollkommürbteig (Seite 25) **
Fett für die Tortelettförmchen

Belag
6 Tomaten, gewaschen und
*in Scheiben geschnitten **
*Salz * Pfeffer **
2 EL feingehackte Basilikumblättchen

Guß
*3 Eier * 150 g Crème fraîche **
*Salz * Pfeffer*

Den Teig auswellen und 8 gefettete Tortelettförmchen damit auslegen. Bei 200 °C 5 Minuten vorbacken.
Tomatenscheiben auf die Teigböden legen. Mit Salz, Pfeffer und Basilikum bestreuen. Die Zutaten für den Guß verrühren und über die Tomaten gießen. Bei 200 °C noch ca. 20 Minuten backen.

Mürbteig

Möhrentörtchen
Vollkornrezept

Foto

Pikanter Vollkornmürbteig (Seite 25) ∗
Fett für die Tortelettförmchen

Belag
6 Möhren, gewaschen, geschabt,
in Scheiben geschnitten,
3 Minuten blanchiert, gut abgetropft

Guß
3 Eier ∗ 150 g Crème fraîche ∗
4 EL feingehackte Petersilie ∗
Salz ∗ Pfeffer

Den Teig auswellen und 8 gefettete Tortelettförmchen damit auslegen. Bei 200 °C 5 Minuten vorbacken.

Die Teigböden mit Möhrenscheiben belegen. Die Zutaten für den Guß verrühren und darübergießen. Bei 200 °C noch ca. 20 Minuten backen.

Variationen
Zucchinitörtchen mit Sonnenblumenkernen: 1 kleine Zucchini waschen, Endstücke abschneiden und den Rest in Würfel schneiden, mit 3 EL geschälten Sonnenblumenkernen vermischen.
Pilztörtchen: 200 g Champignons waschen, putzen, in Scheibchen schneiden mit 2 EL Zitronensaft beträufeln und in 20 g Butter dämpfen.

Käsegebäck
Vollkornrezept

Pikanter Vollkornmürbteig (Seite 25),
mit 50 g geriebenen Käse zubereitet ∗
1 Eigelb, mit 2 EL Sahne verrührt ∗
etwas gemahlener Mohn,
Sesamsamen, Mandelstifte oder
Pistazien

Den Teig auswellen und verschiedene
Formen ausstechen. Mit Eigelb bestreichen und mit Mohn, Sesam, Mandeln
oder Pistazien bestreuen. Bei 200 °C
ca 10 Minuten backen.

Hanfteiggebäck

Hanfteig ist eine Variante des Mürbteigs mit Hefe. Man sollte ihn nach der
Zubereitung 15 Minuten zugedeckt gehen lassen. Dann wird er wie Mürbteig
weiterverarbeitet.

Flachswickel
Hanfteig für süßes Gebäck

Teig
250 g Mehl ∗
10 g Hefe, mit 3 EL lauwarmer
Milch angerührt ∗
60 g Zucker ∗ *1 Ei* ∗
1 Messerspitze Salz ∗
125 g zimmerwarme Butter,
in Scheiben geschnitten

1 Eigelb, mit 2 EL Sahne verrührt ∗
30 g Hagelzucker

Die Zutaten zu einem Teig verkneten
und an einem warmen Ort zugedeckt
15 Minuten ruhen lassen. Dann zu
1 cm dicken und 8 cm langen Rollen
formen. Die Rollen einmal um die eigene Achse drehen, zu Hörnchen biegen, mit Eigelb bestreichen, mit Hagelzucker bestreuen. Auf ein mit Backpapier ausgelegtes Backblech legen. Bei
200 °C 12–15 Minuten backen.

Gefüllte Käsebirnen
Pikanter Vollkornhanfteig

Teig
300 g Weizenvollkornmehl ∗
10 g Hefe, mit 6 EL lauwarmer Milch
angerührt ∗ *1 Ei* ∗ *¼ TL Salz* ∗
150 g zimmerwarme Butter,
in Scheiben geschnitten ∗
1 Eigelb, mit 2 EL Sahne verrührt

Füllung
4 mittelgroße Birnen, gewaschen,
geschält, längs halbiert, Kernhaus
entfernt und mit dem Saft von
1 Zitrone beträufelt ∗
8 TL eingelegte Preiselbeeren ∗
4 Scheiben Camembert

Die Zutaten für den Teig verkneten
und 15 Minuten zugedeckt an einem
warmen Ort ruhen lassen.
4 Birnenhälften mit 1 TL Preiselbeeren füllen, darauf 1 Scheibe Camembert und noch 1 TL Preiselbeeren geben, die unbelegten Hälften daraufsetzen. Den Teig dünn auswellen und
jede Birne darin einhüllen. Mit Eigelb
bestreichen. Bei 200 °C ca. 30 Minuten backen.

Hefeteig

Hefeteig gelingt am besten, wenn Schüssel und Zutaten etwas erwärmt sind. Statt frischer Hefe kann jederzeit auch Dauerbackhefe verwendet werden. Die genaue Zubereitung steht auf dem Päckchen. Frische Hefe muß im Kühlschrank aufbewahrt werden und hält sich etwa 1 Woche.

▷ Hefe immer mit lauwarmer Milch und etwas Zucker oder Honig anrühren. Zu heiße Milch tötet die Hefepilzkultur ab. Zucker unterstützt den Gärprozeß.

▷ Die Butter sollte weich, aber nicht flüssig sein.

▷ Hefeteig im vorgeheizten Ofen bei ca. 200 °C backen.

Hefeteig

*500 g Mehl * 20 g frische Hefe, mit 2 EL von der lauwarmen Milch und 1 EL Zucker angerührt * ¼ l lauwarme Milch * 1 Ei * 80 g weiche Butter * 80 g Zucker * 1 Messerspitze Salz*

Pikanter Hefeteig

*500 g Mehl * 20 g frische Hefe, mit 2 EL von der lauwarmen Milch und 1 TL Zucker angerührt * ¼ l lauwarme Milch * 1 Ei * 80 g weiche Butter * ¼ TL Salz*

Vollkornhefeteig

*500 g Weizenvollkommehl * 20 g frische Hefe, mit 2 EL von der lauwarmen Milch und 1 EL Honig angerührt * ¼ l lauwarme Milch * 1 Ei * 80 g weiche Butter * 2 EL Honig * 1 Messerspitze Salz*

Pikanter Vollkornhefeteig

*450–500 g Weizenvollkommehl * 20 g frische Hefe, mit 2 EL von der lauwarmen Milch und 1 TL Honig angerührt * ¼ l lauwarme Milch * 1 Ei * 80 g weiche Butter * ¼ TL Salz*

Das Mehl in eine große Schüssel geben. In die Mitte eine Vertiefung drücken und die angerührte Hefe hineingeben. Mit ⅓ des Mehls zu einem Vorteig verarbeiten, mit wenig Mehl bestreuen und zugedeckt an einem warmen Ort 15 Minuten gehen lassen. Die restlichen Zutaten dazugeben und so lange rühren, bis der Teig glatt ist und Blasen wirft. Mit etwas Mehl bestäuben und zugedeckt nochmals 20 Minuten gehen lassen.

Hefeteig

Süßes Hefeteiggebäck

Tiroler Buchteln
Foto

Hefeteig (Seite 41) *
Fett für die Form *
50 g Butter, zerlassen

Den Hefeteig zu Kugeln (Buchteln) formen und diese dicht nebeneinander, in Kreisen angeordnet, in eine gefettete Springform legen. Noch 10 Minuten gehen lassen, dann mit der Butter bestreichen. Im vorgeheizten Ofen bei 200 °C ca. 30 Minuten backen.

Variationen
In die Buchteln verschiedene Füllungen geben.
Himbeerbuchteln: Mit Himbeerkonfitüre füllen.
Rosinenbuchteln: Mit in Rum eingeweichten Rosinen füllen.
Mohnbuchteln: 150 g gemahlenen Mohn, mit 60 g Zucker und 1 TL abgeriebener Zitronenschale in ⅛ l heißer Milch quellen lassen und in die Buchteln füllen.
Topfenbuchteln: 250 g Quark mit 1 Ei, 1 Eigelb, 50 g Zucker, 1 Päckchen Vanillinzucker, 2 EL Crème fraîche und 20 g Rosinen verrühren und in die Buchteln füllen.
Powidlbuchteln: 150 g Pflaumenmus, mit 1 Prise Zimt und 1 EL Rum verrührt, in die Buchteln füllen.

Bienenstich
Foto

Hefeteig (Seite 41) *
Fett für das Backblech

Mandelmasse
100 g Butter *
75 g Zucker *
75 g Honig *
1 EL Sahne *
200 g Mandelstifte (oder -blättchen)

Füllung
½ l Milch *
3 EL Zucker *
1 Päckchen Vanillepuddingpulver, mit
4 EL kalter Milch angerührt *
100 g zimmerwarme Butter

Den Teig auf dem gefetteten Backblech auswellen und 15 Minuten gehen lassen.
Für die Mandelmasse Butter, Zucker und Honig zerlassen. Sahne und Mandeln dazugeben, unter Rühren kurz aufkochen. Abkühlen lassen und auf den Hefeteig streichen. Im vorgeheizten Ofen bei 200 °C ca. 25 Minuten backen. Erkalten lassen, dann in 24 Stücke schneiden. Jedes Stück waagerecht halbieren.
Für die Füllung Milch und Zucker aufkochen. Das angerührte Puddingpulver einrühren und unter Rühren kurz durchkochen, erkalten lassen. Die Butter schaumig rühren, dann langsam den Pudding unterrühren; beide Zutaten müssen die gleiche Temperatur haben. Die Creme dick auf die unteren Gebäckhälften streichen und die Hälften mit dem Mandelbelag vorsichtig darauflegen.

Hefeteig

Babas mit Rumtopffrüchten

Foto

*½ Rezept Hefeteig
(Seite 41) *
Fett für Savarinförmchen
(kleine Ringförmchen)
oder Backblech *
1 Gläschen Rum, mit
2 EL Zucker verrührt *
Rumtopffrüchte *
¼ l Sahne, mit
2 EL Zucker steif
geschlagen*

Den Hefeteig zu dickeren
Rollen formen und in die
gefetteten Savarinförm-
chen legen, oder auf einem
gefetteten Backblech in
Ringe legen. 10 Minuten
gehen lassen, danach mit
etwas Wasser bestreichen.
Bei 200 °C im vorgeheizten
Ofen ca. 20 Minuten bak-
ken. Noch heiß mit Rum
tränken, erkalten lassen.
Auf Teller geben, die Mitte
des Rings mit Rumtopf-
früchten füllen und die
Babas mit Schlagsahne
servieren.

Variation
Statt der Rumfrüchte fri-
sches Obst verwenden.

Tiroler
Buchteln

Babas mit
Rumtopffrüchten

Bienenstich

43

Hefeteig

Butterhörnchen

Hefeteig (Seite 41) *
Fett für das Blech *
60 g Butter, zerlassen

Den Teig auswellen. Zuerst breite Streifen und daraus Dreiecke schneiden. Die Dreiecke von der Spitze her aufrollen, zu Hörnchen biegen und mit Wasser bestreichen. Auf ein gefettetes Backblech setzen und nochmals kurz gehen lassen. Bei 200 °C im vorgeheizten ca. 20 Minuten backen. Noch heiß mit der zerlassenen Butter bepinseln.

Martinshörnchen

Hefeteig (Seite 41),
mit 1 EL abgeriebener Zitronenschale
zubereitet * *80 g Rosinen* *
50 g gehackte Mandeln *
Fett für das Blech *
100 g Puderzucker, mit wenig
Zitronensaft verrührt *
40 g geröstete Mandelblättchen

Den Teig auswellen, zunächst in breite Streifen und daraus Dreiecke schneiden. Mit Rosinen und gehackten Mandeln bestreuen. Von der Spitze her aufrollen und zu Hörnchen biegen. 10 Minuten gehen lassen. Auf ein gefettetes Backblech setzen und im vorgeheizten Ofen bei 200 °C ca. 25 Minuten backen. Noch warm mit Puderzuckerglasur überziehen und mit Mandelblättchen bestreuen.

Kreuzwecken

Hefeteig (Seite 41), mit 1 TL Zimt,
je 1 Messerspitze Muskat und
Nelken, 80 g Rosinen und
100 g gewürfeltem Orangeat
zubereitet *
100 g Marzipanrohmasse,
mit 2 EL Puderzucker verknetet *
Fett für das Blech

Den Hefeteig zu Wecken – längliche Brötchen – formen. Aus dem Marzipan dünne Rollen formen und kreuzförmig auf jedes Teigstück legen. Die Wecken auf ein gefettetes Backblech setzen und noch 10 Minuten gehen lassen. Im vorgeheizten Ofen bei 200 °C ca. 20 Minuten backen.

Gefüllte Heißwecken

Hefeteig (Seite 41), mit 100 g Rosinen
zubereitet * *Fett für das Blech* *
1 Eigelb, mit 2 EL süßer Sahne
verrührt * *100 g Puderzucker,*
mit wenig Zitronensaft verrührt *
¼ l Sahne, mit 1 EL Zucker und
1 Päckchen Vanillinzucker steif
geschlagen

Den Hefeteig zu gleich großen Kugeln formen und diese auf ein gefettetes Backblech setzen. 10 Minuten gehen lassen, anschließend mit Eigelb bestreichen. Im vorgeheizten Ofen bei 200 °C ca. 25 Minuten backen. Noch heiß mit Puderzuckerglasur überziehen, dann erkalten lassen. Jeden Wecken quer halbieren und mit Sahne füllen.

Hefeteig

Böhmische Kolatschen

Hefeteig (Seite 41), mit
1 EL abgeriebener Zitronenschale
zubereitet *
1 Eigelb, mit 2 EL Sahne verrührt *
Fett für das Backblech

Quarkfüllung
100 g Quark, mit 1 Eigelb,
1 EL Zucker, 1 TL Vanillinzucker,
1 EL Zitronensaft und
2 EL Rosinen verrührt

Mohnfüllung
3 EL gemahlener Mohn,
mit 1 EL gemahlenen Mandeln,
1 EL Zucker und 1 Messerspitze Zimt
in 6 EL Milch kurz aufgekocht, erkaltet

Pflaumenfüllung
4 EL Pflaumenmus, mit 1 EL Rum
glattgerührt

Streusel
30 g Mehl *
30 g gemahlene Mandeln *
30 g Zucker *
je 1 Messerspitze Salz und Zimt *
30 g Butter, zerlassen

Den Teig in 3 Stücke teilen. Nacheinander jedes Teil auswellen und in Quadrate schneiden. In die Mitte jedes Quadrats 1 EL der jeweiligen Füllung geben. Die Spitzen der Teigquadrate zur Mitte hin über der Füllung zusammenlegen, leicht andrücken. 10 Minuten gehen lassen, dann mit Eigelb bestreichen.
Für die Streusel die Zutaten mit einem Messer zusammenhacken und auf die Hefeteilchen streuen. Im vorgeheizten Ofen bei 200 °C ca. 30 Minuten bakken.

Variationen
<u>Nußfüllung</u>: 200 g gehackte Haselnüsse, mit 3 EL Honig, 3 EL Sahne und 1 Messerspitze Zimt verrühren.
<u>Vanillecremefüllung</u>: ¼ l Milch mit 2 EL Zucker aufkochen. ½ Päckchen Vanillepuddingpulver, mit 3 EL kalter Milch angerührt, unterrühren, kurz durchkochen, erkalten lassen.

Nußbeugel

Hefeteig (Seite 41) *
1 Eigelb, mit 2 EL Sahne verrührt *
Fett für das Blech

Füllung
200 g gemahlene Mandeln *
200 g gemahlene Haselnüsse *
180 g Zucker *
200 ml Milch *
3 EL Aprikosenkonfitüre

Den Teig auswellen und in Quadrate schneiden.
Für die Füllung Mandeln, Haselnüsse, Zucker und Milch zu einem dicken Brei kochen. Erkalten lassen und die Konfitüre unterrühren. Die Hälfte eines jeden Teigquadrats mit der Füllung bestreichen, die andere Hälfte darüberklappen. Die Teigränder gut andrücken. 10 Minuten gehen lassen, dann mit Eigelb bestreichen. Auf ein gefettetes Backblech setzen und im vorgeheizten Ofen bei 200 °C ca. 35 Minuten backen.

Hefeteig

Osterkörbchen
Vollkornrezept

Foto

½ Rezept Vollkornhefeteig (Seite 41) ∗
Fett für das Backblech ∗
1 Eigelb, mit 2 EL Sahne verrührt ∗
6 hartgekochte, eingefärbte Eier

Aus dem Teig 12 fingerdicke Rollen formen. Jeweils 2 Rollen miteinander verdrehen und zum Kreis schließen. In die Kreismitte der sechs Kreise je 1 hartgekochtes Ei drücken und die Körbchen auf ein gefettetes Backblech setzen. 10 Minuten gehen lassen. Den Teig mit dem Eigelb bestreichen. Im vorgeheizten Ofen bei 200 °C ca. 20 Minuten backen.

Gerollte Apfelbeignets

Foto

Hefeteig (Seite 41) ∗
3 Äpfel, gewaschen, geschält, halbiert, Kernhaus entfernt, klein gewürfelt und mit dem Saft von ½ Zitrone beträufelt ∗
100 g Zucker ∗ 1 TL Zimt

Den Hefeteig zu einem Rechteck auswellen. Die Apfelwürfel mit 40 g Zucker und dem Zimt vermischen und auf dem Teig verteilen. Von der Längsseite her aufrollen. Mit einem scharfen Messer 1,5 cm dicke Scheiben abschneiden, 10 Minuten gehen lassen. Das Fritierfett in einem Topf oder einer Friteuse erhitzen und die Apfelbeignets goldbraun backen. Auf Küchenkrepp abtropfen lassen und mit dem restlichen Zucker bestreuen.

Berliner

Foto

Hefeteig (Seite 41) ∗ Fritierfett ∗
½ Glas Johannisbeer- oder Himbeerkonfitüre ∗ 100 g Zucker, mit 1 EL Vanillinzucker vermischt

Den Teig 1 cm dick auswellen. Mit Glas von 6 cm Durchmesser ausstechen. Auf die Hälfte der Kreise je 1 EL Konfitüre geben, den Teigrand mit etwas Wasser bestreichen und jeweils mit einem zweiten Kreis abdekken. Die Teigränder gut andrücken. 10 Minuten gehen lassen. Das Fritierfett in einem Topf oder einer Friteuse erhitzen und die Berliner von beiden Seiten goldbraun backen. Auf Küchenkrepp abtropfen lassen und in Zucker wälzen.

Hinweis
Sie können die Berliner auch ungefüllt fritieren, das Himbeergelee in eine Einwegspritze (aus der Apotheke) füllen und in die Berliner spritzen.

Rosinenbrötchen
Vollkornrezept

Foto

Vollkornhefeteig (Seite 41), mit 100 g Rosinen zubereitet ∗
Fett für das Backblech ∗
1 Eigelb, mit 2 EL Sahne verrührt

Aus dem Teig nicht zu große Brötchen formen. Auf ein gefettetes Backblech setzen und noch 10 Minuten gehen lassen. Mit Eigelb bestreichen. Im vorgeheizten Ofen bei 200 °C ca. 25 Minuten backen.

Berliner

Gerollte Apfelbeignets

Osterkörbchen

Rosinenbrötchen

Honigbrezeln, Nußhörnchen
Rezepte Seite 48

Hefeteig

Honigbrezeln
Foto Seite 47
Vollkornrezept

*Vollkornhefeteig (Seite 41) ***
1 Eigelb, mit 2 EL Honig
*und 1 EL Sahne verrührt ***
*100 g Haselnußblättchen ***
Fett für das Backblech

Den Teig zu gleichmäßigen ca. fingerdicken Rollen formen, die Rollen zu
Brezeln schlingen. 10 Minuten gehen
lassen. Mit Eigelb bestreichen und mit
Haselnußblättchen bestreuen. Die
Brezeln auf ein gefettetes Backblech
setzen. Im vorgeheizten Ofen bei
200 °C ca. 25 Minuten backen.

Nußhörnchen
Foto Seite 47
Vollkornrezept

Vollkornhefeteig (Seite 41).
*1 Eigelb, mit 2 EL Sahne verrührt ***
Fett für das Backblech

Füllung
*200 g Haselnüsse, grob gehackt ***
*3 EL Honig ***
2 EL Sahne

Den Teig auswellen, zunächst in breite
Streifen und aus denen Dreiecke
schneiden.
Die Zutaten für die Füllung vermischen und auf den Teigstücken verteilen. Von der Spitze her aufrollen und
in Hörnchenform biegen. 10 Minuten
gehen lassen. Mit Eigelb bestreichen
und auf ein gefettetes Backblech setzen. Im vorgeheizten Ofen bei 200 °C
ca. 25 Minuten backen.

Variation
Müslihörnchen: Für die Füllung 12 getrocknete Aprikosen über Nacht einweichen, dann klein würfeln. 1 Apfel
waschen, schälen und raffeln. Die
Früchte mit 100 g grobgehackten
Haselnüssen, 2 EL Zitronensaft und
3 EL Honig vermischen, die Füllung
auf die Teigdreiecke verteilen.

Sächsische Eierschecke

*Hefeteig (Seite 41) ***
Fett für das Backblech

Belag
*500 g Quark * 40 g Butter ***
*50 g Zucker ***
½ Päckchen Vanillepuddingpulver

Guß
*¼ l Milch * ¼ l saure Sahne ***
*½ Päckchen Vanillepuddingpulver ***
*4 Eier * 60 g Butter ***
*60 g Zucker ***
1 Päckchen Vanillinzucker

Den Teig auf einem gefetteten Backblech auswellen, 10 Minuten gehen
lassen.
Die Zutaten für den Belag verrühren
und auf den Hefeteig streichen. Die
Zutaten für den Guß ebenfalls verrühren und über den Quarkbelag gießen.
Im vorgeheizten Ofen bei 200 °C ca.
35 Minuten backen. Erkalten lassen
und in Stücke schneiden.

48

Hefeteig

Ulmer Zuckerbrot

Hefeteig (Seite 41), mit 1 Prise Anis,
1 TL gemahlenen Fenchelsamen,
1 EL Rosenwasser und
200 g gewürfeltem Zitronat
*zubereitet *
*1 Eigelb, mit 2 EL Sahne verrührt *
*2 EL Zucker * Fett für das Blech*

Den Teig auswellen und ca. 12 cm große Kreise ausstechen. Mit etwas Wasser bestreichen und von 2 Seiten zur Mitte hin zusammenklappen. 10 Minuten gehen lassen. Mit Eigelb bestreichen und mit Zucker bestreuen. Auf ein gefettetes Backblech setzen und bei 200 °C im vorgeheizten Ofen ca. 20 Minuten backen.

Streuselschnitten

*Hefeteig (Seite 41) *
Fett für das Backblech

Streusel
*350 g Mehl * 80 g gemahlene*
*Mandeln * 200 g Zucker *
*2 Päckchen Vanillinzucker *
*1 Prise Salz * 200 g Butter, zerlassen*

Den Teig auf einem gefetteten Backblech auswellen, 10 Minuten gehen lassen.
Für die Streusel die Zutaten mit einem Messer zusammenhacken. Die Streusel auf dem Teig verteilen. Im vorgeheizten Ofen bei 200 °C ca. 30 Minuten backen. Erkalten lassen, in Stücke schneiden und möglichst frisch servieren.

Mohnschnitten

*Hefeteig (Seite 41) *
Fett für das Backblech

Belag
*1 l Milch * 100 g Butter *
*200 g Grieß *
*375 g gemahlener Mohn *
*100 g Rosinen * 200 g Zucker *
*1 Päckchen Vanillinzucker * 3 Eier*

Streusel
*100 g Mehl *
*100 g gemahlene Mandeln *
*80 g Zucker * 1 Messerspitze Salz *
100 g Butter, zerlassen

150 g Puderzucker, mit wenig
Zitronensaft verrührt

Den Teig auf dem gefetteten Backblech auswellen.
Für den Belag Milch und Butter aufkochen. Grieß und Mohn einrühren und bei schwacher Hitze unter Rühren 10 Minuten quellen lassen. Vom Herd nehmen und Rosinen, Zucker, Vanillinzucker und die Eier unterrühren. Erkalten lassen, dann auf den Teig streichen. 10 Minuten gehen lassen.
Für die Streusel die Zutaten mit einem Messer zusammenhacken und auf der Mohnmasse verteilen. Im vorgeheizten Ofen bei 200 °C ca. 40 Minuten backen. Noch heiß mit Puderzuckerglasur überziehen. Erkalten lassen und in Stücke schneiden.

Hefeteig

Zwetschgenschnitten

Hefeteig (Seite 41) ∗
Fett für das Backblech

Belag
500 g Quark, mit 3 Eiern,
150 g Zucker, 1 Päckchen
Vanillinzucker, ∗ 2 TL Zimt,
1 EL Speisestärke verrührt ∗
1,5 kg Zwetschgen, gewaschen,
halbiert und entsteint

Streusel
100 g Mehl ∗
100 g gemahlene Mandeln ∗
80 g Zucker ∗
je 1 Messerspitze Salz und Zimt ∗
100 g Butter, zerlassen

Den Teig auf dem gefetteten Backblech auswellen und 15 Minuten gehen lassen.
Die Quarkmasse gleichmäßig auf dem Hefeteig verstreichen, dicht mit den Zwetschgenhälften belegen. Die Zutaten für die Streusel mit einem Messer zusammenhacken und auf dem Obstbelag verteilen. Im vorgeheizten Ofen bei 220 °C ca. 35 Minuten backen. Erkalten lassen und in Stücke schneiden.

Marzipan-Mandel-Schnitten

Hefeteig (Seite 41) ∗
Fett für das Backblech ∗
80 g Butter, zerlassen ∗
100 g Puderzucker

Belag
100 g Butter ∗
200 g Marzipanrohmasse ∗
50 g Puderzucker ∗
2 EL Amaretto (Mandellikör) ∗
1 EL Speisestärke ∗ 2 Eier ∗
200 g Mandelstifte

Den Teig auf einem gefetteten Backblech auswellen und mit der Butter bestreichen.
Die Zutaten für den Belag (ohne Mandelstifte) verrühren und auf dem Teig verteilen. Mit den Mandelstiften bestreuen. 10 Minuten gehen lassen. Im vorgeheizten Ofen bei 200 °C ca. 25 Minuten backen. Erkalten lassen und mit Puderzucker bestäuben. In Stücke schneiden.

Doughnuts

Hefeteig (Seite 41) ∗ Fritierfett ∗
100 g Puderzucker

Den Teig 1 cm dick auswellen. Mit größeren Glas zunächst Kreise, daraus mit einem kleineren Glas Ringe ausstechen. 10 Minuten gehen lassen. In einem größeren Topf oder einer Friteuse das Fritierfett erhitzen. Die Teigringe mit der aufgegangenen Seite nach unten in das heiße Fett gleiten lassen und von beiden Seiten goldgelb backen. Auf Küchenkrepp abtropfen lassen und mit Puderzucker bestreuen.

Honig-Nuß-Schnecken
Vollkornrezept

Vollkornhefeteig (Seite 41) ∗
Fett für das Backblech

Belag
200 g Mandeln, grob gehackt ∗
40 g Butter, zerlassen ∗
6 EL Honig ∗ 80 g Rosinen

Den Teig zu einem Rechteck auswellen. Die Zutaten für den Belag vermischen und auf dem Teig verteilen. Von der Längsseite her aufrollen. Mit einem scharfen Messer etwa 1 cm dicke Scheiben abschneiden und diese etwas flach drücken. Auf ein gefettetes Backblech setzen und 10 Minuten gehen lassen. Im vorgeheizten Ofen bei 200 ℃ ca. 25 Minuten backen.

Früchtelaibchen
Vollkornrezept

½ Rezept Vollkornhefeteig (Seite 41) ∗
je 80 g getrocknete Birnen,
getrocknete Aprikosen,
getrocknete Feigen und Rosinen,
zusammen über Nacht in ⅛ l Wasser
eingeweicht, ausgedrückt
und klein gewürfelt ∗
80 g Walnüsse, grob gehackt ∗
1 TL Zimt ∗
1 Messerspitze gemahlene Nelken ∗
1 Schuß Kirschwasser

2 EL Honig, mit 2 EL Wasser
verrührt ∗
60 g Mandeln, gehäutet ∗
Fett für das Backblech

Den Hefeteig mit den übrigen Zutaten verkneten und längliche kleine Laibchen daraus formen. Mit Honigwasser bestreichen und mit Mandeln belegen. 15 Minuten gehen lassen. Auf ein gefettetes Backblech setzen. Im vorgeheizten Ofen bei 200 ℃ ca. 45 Minuten backen.

Dörrobstfladen
Vollkornrezept

Vollkornhefeteig (Seite 41) ∗
Fett für das Backblech

Belag
500 g Trockenobst, über Nacht
eingeweicht, ausgedrückt und
durch den Fleischwolf gedreht ∗
1 TL Zimt ∗ je 1 Messerspitze
gemahlene Nelken und Kardamom

Guß
¼ l Sahne ∗ 3 Eier ∗
3 EL Honig ∗ 1 EL Speisestärke

Den Teig auswellen und ein gefettetes Backblech damit auslegen, an den Seiten hochziehen. 10 Minuten gehen lassen.
Die Zutaten für den Belag vermischen und gleichmäßig auf dem Teig verstreichen. Die Zutaten für den Guß verrühren und darübergießen. Im vorgeheizten Ofen bei 200 ℃ ca. 35 Minuten backen. Erkalten lassen, dann erst in Stücke schneiden.

Hefeteig

Pikantes Hefeteiggebäck

Bierstengel

Pikanter Hefeteig (Seite 41) *
2 Eigelb, mit 3 EL Sahne verrührt *
grobes Salz * *Kümmel* *
Fett für das Backblech

Den Teig zu gleichförmigen, etwa fingerdicken Rollen formen. 10 Minuten gehen lassen. Mit Eigelb bestreichen, mit Salz und Kümmel bestreuen. Auf ein gefettetes Backblech legen. Im vorgeheizten Ofen bei 200 °C ca. 15 Minuten backen.

Variation

Käsestangen: Statt Salz und Kümmel mit 100 g geriebenem Emmentaler bestreuen.

Hinweis

Die Stangen werden besonders knusprig, wenn man beim Teig die Butter durch Öl ersetzt.

Schinkenschnecken

Pikanter Hefeteig (Seite 41) *
40 g Butter, zerlassen *
150 g gekochter Schinken, gewürfelt *
1 Eigelb, mit 2 EL Sahne verrührt *
grobes Salz * *Kümmel* *
Fett für das Backblech

Den Hefeteig zu einem Rechteck auswellen. Mit zerlassener Butter bestreichen, mit den Schinkenwürfeln be-

streuen. Von der Längsseite her aufrollen, mit einem scharfen Messer etwa 1,5 cm dicke Scheiben abschneiden und diese etwas flach drücken. 10 Minuten gehen lassen. Mit Eigelb bestreichen und mit Salz und Kümmel bestreuen. Auf ein gefettetes Backblech setzen. Im vorgeheizten Ofen bei 200 °C ca. 25 Minuten backen.

Partybrötchen

Pikanter Hefeteig (Seite 41) *
Fett für die Form *
40 g Butter, zerlassen *
1 EL Kümmel * *2 EL Sesamsaat*

Füllung
400 g Rinderhack * *1 Zwiebel,*
geschält, fein gehackt und in etwas
Butter gedämpft * *1 Ei* *
2 EL Crème fraîche *
1 EL Tomatenmark *
1 EL feingehackte Petersilie *
Salz * *Pfeffer*

Aus dem Hefeteig 8 Kugeln formen. Für die Füllung die Zutaten verkneten und ebenfalls 8 Kugeln daraus formen. Diese in die Teigkugeln drücken, gut verschließen, sie sollen wieder glatt und schön rund sein. Die gefüllten Teigkugeln im Kreis in eine gefettete Springform setzen. 15 Minuten gehen lassen. Mit zerlassener Butter bestreichen, mit Kümmel und Sesam bestreuen. Im vorgeheizten Ofen bei 200 °C ca. 40 Minuten backen.

Hefeteig

Salbeiknoten
Vollkornrezept

Pikanter Vollkornhefeteig (Seite 41),
mit 2 durchgepreßten
Knoblauchzehen zubereitet *
1 Eigelb, mit 2 EL Sahne verrührt *
10 Salbeiblätter *
Fett für das Backblech

Aus dem Teig 10 cm lange, kleinfin-
gerdicke Rollen formen und jede zu einem Knoten schlingen. 10 Minuten
gehen lassen. Mit Eigelb bestreichen,
in die Mitte ein Salbeiblatt legen. Die
Knoten auf ein gefettetes Backblech
setzen. Im vorgeheizten Ofen bei
200 °C ca. 20 Minuten backen.

Emmentaler Hörnchen
Vollkornrezept

Pikanter Vollkornhefeteig (Seite 41) *
150 g Emmentaler, in schmale
Streifen geschnitten *
Fritierfett

Den Hefeteig auswellen und mit dem
Backrädchen nicht zu große Ovale
ausschneiden. Die schmale Hälfte mit
Käse belegen, die Ovale aufrollen, zu
Hörnchen biegen. 10 Minuten gehen
lassen. In einem Topf, oder in der Friteuse das Fritierfett erhitzen und die
Hörnchen goldbraun backen. Auf Küchenkrepp abtropfen lassen.

Variation
Die Hörnchen mit Schinkenstreifen
füllen.

Kleine Calzoni
Vollkornrezept

Pikanter Vollkornhefeteig (Seite 41) *
1 Eigelb, mit 2 EL Sahne verrührt *
Fett für das Backblech

Füllung
200 g Champignons, gewaschen, ge-
putzt, in Scheibchen geschnitten und
mit 1 durchgepreßten Knoblauchzehe
in 20 g Butter gedämpft, abgekühlt *
150 g gekochter Schinken, gewürfelt *
2 EL feingehackte Petersilie *
Salz * *Pfeffer* *
1 Kugel Mozzarella, in Scheiben
geschnitten

Den Teig auswellen und mit dem
Backrädchen Ovale ausschneiden.
Champignons mit Schinken und Petersilie mischen, mit Salz und Pfeffer
würzen. Füllung jeweils auf einer Hälfte der Ovale verteilen und mit Mozzarellascheiben belegen. Die andere
Teighälfte darüberklappen, die Ränder
gut zusammendrücken. 15 Minuten
gehen lassen. Mit Eigelb bestreichen,
auf ein gefettetes Backblech setzen. Im
vorgeheizten Ofen bei 200 °C ca.
25 Minuten backen.

Gefüllte Brioche   Foto
Vollkornrezept

*½ Rezept pikanter Vollkornhefeteig
(Seite 41)* *
Fett für die Briocheförmchen *
1 Eigelb

Füllung
150 g getrüffelte Leberpastete *
½ TL abgeriebene Orangenschale *
4 EL Cognac *
4 EL Sahne *
*1 Scheibe Vollkorntoast, entrindet,
gerieben* *
Salz * *Pfeffer*

Aus dem Teig 6 Kugeln formen. Von
jeder Kugel ⅓ abnehmen und daraus
kleine Kugeln formen. 6 Briocheförmchen gut ausfetten.
Für die Füllung die Leberpastete mit
den übrigen Zutaten gründlich verrühren, in 6 Portionen teilen und je 1 Por-
tion in die großen Kugeln drücken.

Die kleinen Kugeln als Köpfchen daraufsetzen. In die Briocheförmchen geben und 15 Minuten gehen lassen. Mit
Eigelb bestreichen. Im vorgeheizten
Ofen bei 200 °C ca. 25 Minuten bakken.

Variationen
Schinkenfüllung: 200 g Schinken, gewürfelt, 1 Scheibe Vollkorntoast, entrindet, gerieben, 6 EL Weißwein,
1 EL feingehackte Petersilie, Salz,
Pfeffer
Schinken-Käse-Füllung: 150 g Schinken, gewürfelt 150 g Käse, gerieben,
4 EL Sahne, Salz, Pfeffer
Käse-Kräuter-Füllung: 200 g Schafkäse, zerdrückt, 5 EL Sahne, 4 EL feingehackte frische Kräuter, Pfeffer.

Kleine Piroggen
Vollkornrezept

Pikanter Vollkornhefeteig (Seite 41) *
2 Eigelb mit 3 EL Sahne verrührt *
Fett für das Backblech

Füllung
150 g Frühstücksspeck, gewürfelt *
*200 g Porree, geputzt,
in dünne Scheiben geschnitten,
gewaschen, abgetropft* *
*1 Knoblauchzehe, geschält,
durchgepreßt* *
*100 g Champignons, gewaschen,
geputzt, in Scheibchen geschnitten
und mit 1 EL Zitronensaft beträufelt* *
200 g Gewürzgurken, fein gewürfelt *
*3 hartgekochte Eier, geschält,
gewürfelt* *
500 g Schweinemett

Den Teig auswellen und in ca. 5 × 10 cm große Rechtecke schneiden.

Für die Füllung den Frühstücksspeck anbraten. Porree, Knoblauch und Champignons dazugeben und so lange schmoren, bis alle Flüssigkeit verdampft ist. Vom Herd nehmen und etwas abkühlen lassen. Dann Gurken- und Eierwürfel sowie das Schweinemett unterkneten. Jeweils etwas von der Füllung auf eine Teighälfte geben, die andere darüberklappen. 15 Minuten gehen lassen. Mit Eigelb bestreichen und auf ein gefettetes Backblech setzen. Im vorgeheizten Ofen bei 200 °C ca. 35 Minuten backen.

Speckfladen
Vollkornrezept

Foto

*Pikanter Vollkornhefeteig (Seite 41) *
Fett für das Backblech *
2 Eigelb, mit 3 EL Sahne verrührt *
200 g Frühstücksspeck, gewürfelt*

Den Teig auswellen und mit dem Backrädchen Ovale ausschneiden. Auf das gefettete Backblech legen und 10 Minuten gehen lassen. Mit Eigelb bestreichen und mit Speckwürfeln belegen. Im vorgeheizten Ofen bei 200 °C ca. 25 Minuten backen.

Hefeteig

Mini-Pizzen
Vollkornrezept

Foto Seite 7

*Pikanter Vollkornhefeteig (Seite 41) ***
*1 Dose Tomatenmark ***
Fett für das Backblech

Paprika-Zucchini-Belag
Je ½ rote und grüne Paprikaschote,
*geputzt, gewaschen, gewürfelt ***
½ kleine Zucchini, gewaschen,
gewürfelt

Thunfischbelag
1 kleine Dose Thunfisch, abgetropft,
*in Stücke gezupft ***
½ kleine Zucchini, gewaschen,
*gewürfelt * 4 EL Perlzwiebeln ***
4 EL schwarze Oliven, entsteint
und in Stücke geschnitten

Shrimps-Artischocken-Belag
*100 g Shrimps ***
1 kleine Dose Artischocken,
*abgetropft, in Stücke geschnitten ***
4 EL schwarze Oliven, entsteint
und in Stücke geschnitten

Salami-Tomaten-Belag
*6 Scheiben Salami ***
2 Tomaten, gewaschen,
in Scheiben geschnitten

*Salz * Pfeffer * Origano ***
1½ Kugeln Mozzarella, in Scheiben
geschnitten

Den Teig auswellen und 12 runde Böden mit 12–15 cm Durchmesser ausschneiden. Mit Tomatenmark bestreichen und auf gefettete Backbleche legen.

Je 3 Böden mit den verschiedenen Zutaten belegen. Mit Salz, Pfeffer und Origano bestreuen und mit Mozzarellascheiben bedecken. 15 Minuten gehen lassen. Im vorgeheizten Ofen bei 200 °C ca. 20 Minuten backen.

Variationen
<u>Meeresfrüchtebelag</u>: 1 kleine Dose Muscheln, 1 kleine Dose Thunfisch, beides abgetropft, in Stücke geschnitten.
<u>Eier-Salbei-Oliven-Belag</u>: 2 hartgekochte Eier, geschält, in Scheiben geschnitten, 3 Salbeiblätter, klein geschnitten, 2 EL grüne Oliven, in Scheibchen geschnitten.
<u>Zwiebel-Tomaten-Belag</u>: 2 große Zwiebeln, geschält, halbiert, in Scheiben geschnitten und in 2 EL Butter gedämpft, 2 Tomaten, gewaschen, in Scheiben geschnitten.
<u>Schinken-Tomaten-Belag</u>: 100 g Schinken, gewürfelt, 2 Tomaten, gewaschen, in Scheiben geschnitten, 2 EL schwarze Oliven, in Stücke geschnitten.
<u>Champignonbelag</u>: 150 g Champignons, gewaschen, geputzt, in Scheibchen geschnitten und in 2 EL Butter gedämpft.

Quarkölteig

Quarkölteig ist einfach in der Zubereitung und schmeckt besonders mürbe.

▷ *Wichtig:* Den Quark – Magerquark oder 20% – entweder in ein sauberes Küchentuch geben und etwas ausdrücken oder auf ein Sieb legen und 10 Minuten abtropfen lassen.

▷ Die Rezepte von Mürbteig und Quarkölteig können ausgetauscht werden.

▷ Gebäcke aus Quarkölteig werden bei 200 °C gebacken.

Quarkölteig
6 EL Öl * 1 Ei * 70 g Zucker *
1 Päckchen Vanillinzucker *
150 g Quark, ausgedrückt *
300 g Mehl *
1 Messerspitze Salz *
1 Päckchen Backpulver

Pikanter Quarkölteig
6 EL Öl * 1 Ei *
50 g Hartkäse, gerieben *
150 g Quark, ausgedrückt *
300 g Mehl *
1 TL Salz *
1 Päckchen Backpulver

Vollkornquarkölteig
6 EL Öl * 1 Ei *
2 EL Ahornsirup oder Honig *
160 g Quark, ausgedrückt *
300 g Weizenvollkornmehl *
1 Messerspitze Salz *
1 Päckchen Backpulver

Pikanter Vollkornquarkölteig
6 EL Öl * 1 Ei *
50 g Hartkäse, gerieben *
160 g Quark, ausgedrückt *
300 g Weizenvollkornmehl *
½ TL Salz *
1 Päckchen Backpulver

Die Zutaten rasch zu einem Teig zusammenkneten und vor der weiteren Verarbeitung 30 Minuten kühl stellen.

Quarkölteig

Quarkkrapfen   Foto

*500 g Magerquark, ausgedrückt ***
*5 Eier ***
*1 EL abgeriebene Zitronenschale ***
*130 g Zucker ***
*1 Päckchen Vanillinzucker ***
500 g Mehl, mit 1 Messerspitze Salz
und 1 Päckchen Backpulver
*vermischt * 100 g Mandelstifte ***
*100 g Rosinen * Fritierfett ***
100 g Zucker, mit 1 TL Zimt vermischt

Quark, Eier, Zitronenschale, Zucker und Vanillinzucker verrühren. Das Mehl dazugeben, zum Schluß Mandelstifte und Rosinen. 30 Minuten kühl stellen. In einem weiten Topf oder in der Friteuse das Fritierfett erhitzen. Mit zwei Eßlöffeln Kugeln vom Teig abstechen und in das heiße Fett gleiten lassen. Unter häufigem Wenden goldgelb backen. Auf Küchenkrepp abtropfen lassen und noch heiß in Zimtzucker wenden.

Quarkbrötchen
Vollkornrezept

500 g Magerquark, ausgedrückt ∗
2 Eier ∗ 3 EL Honig ∗
230 g Weizenvollkornmehl,
mit 1 Messerspitze Salz und
1 Päckchen Backpulver vermischt ∗
50 g Rosinen ∗
1 Eigelb, mit 2 EL Sahne verrührt ∗
40 g Sesamsaat

Quark, Eier und Honig verrühren. Mit dem Mehl und den Rosinen zusammenkneten, den Teig in Alufolie wickeln und 30 Minuten kühl stellen. Mit angefeuchteten Händen kleine Brötchen formen. Mit Eigelb bestreichen und mit Sesam bestreuen. Auf ein gefettetes, mit Mehl bestäubtes Backblech setzen. Bei 200 °C ca. 30 Minuten backen.

Pfirsichtaler
Foto

Quarkölteig (Seite 57) ∗
100 g Marzipanrohmasse,
mit 1 EL Puderzucker und
2 EL Orangenlikör verknetet ∗
1 Dose Pfirsichhälften, gut abgetropft ∗
150 g Mandeln, gehäutet, halbiert ∗
1 Eigelb, mit 2 EL Sahne verrührt ∗
Fett und Mehl für das Backblech

Den Teig auswellen und mit einem Glas Kreise ausstechen. Aus der Marzipanmasse walnußgroße Kugeln rollen. In die Mitte der Teigkreise je 1 Marzipankugel legen, darüber eine Pfirsichhälfte. Den verbliebenen Teigrand mit den halbierten Mandeln belegen, mit Eigelb bestreichen. Auf ein gefettetes, mit Mehl bestäubtes Backblech heben. Bei 200 °C ca. 15 Minuten backen.

59

Quarkölteig

Marzipan-Nuß-Hörnchen

Quarkölteig (Seite 57) *
Fett und Mehl für das Backblech *
1 Eigelb, mit 2 EL Sahne verrührt

Füllung
100 g Marzipanrohmasse *
80 g Haselnüsse, geröstet, gemahlen *
1 Eiweiß *
2 EL Amaretto (Mandellikör)

Den Teig auswellen, zunächst in breite Streifen und daraus Dreiecke schneiden. Ein Backblech fetten und mit Mehl bestäuben.
Für die Füllung die Marzipanrohmasse, Haselnüsse, Eiweiß und Amaretto verkneten. 1 EL Füllung jeweils auf die Spitze der Dreiecke geben und von der Spitze her aufrollen. Zu einem Hörnchen biegen. Mit Eigelb bestreichen und auf das Backblech setzen. Bei 200 °C ca. 25 Minuten backen.

Variationen

Nußfüllung: 120 g gehackte Haselnüsse mit 80 g Zucker, 20 g Butter und 3 EL Wasser aufkochen, erkalten lassen und 2 steifgeschlagene Eiweiß unterrühren.
Quarkfüllung: 150 g Quark mit 1 Eigelb, 40 g Zucker, 1 EL Vanillinzucker, 2 EL Crème fraîche und 30 g Rosinen verrühren.

Quarktaschen

Quarkölteig (Seite 57) *
Fett und Mehl für das Backblech *
Puderzucker

Füllung
250 g Quark (20%) *
60 g Zucker *
2 Eigelb *
Saft von 1 Zitrone

Den Teig auswellen und Quadrate von 12–15 cm Seitenlänge ausschneiden. Ein Backblech fetten und mit Mehl bestäuben.
Für die Füllung Quark, Zucker, Eigelb und Zitronensaft verrühren. In die Mitte der Quadrate jeweils etwas der Füllung geben. Die Teigspitzen zur Mitte hin einschlagen, die Füllung aber nicht ganz damit bedecken. Die Taschen auf das Backblech setzen. Bei 200 °C ca. 25 Minuten backen. Erkalten lassen und mit Puderzucker bestäuben.

Variationen

Apfeltaschen: 500 g Äpfel schälen, halbieren, Kernhaus entfernen, grob raffeln und mit dem Saft von 1 Zitrone beträufeln. Mit 60 g Zucker und 40 g Rosinen vermischen.
Zwetschgentaschen: 500 g Zwetschgen waschen, halbieren und entsteinen. Mit 60 g Zucker und ½ TL Zimt vermischen.
Walnußtaschen: 150 g Walnußkerne grob hacken, 1 Scheibe Zwieback reiben. Zusammen mit 2 EL Honig, 1 Ei, ½ TL Zimt und 1 EL Rum verrühren.

Quarkölteig

Aprikosen-Pudding-Taschen: Vanillepudding aus ⅛ l Milch, 2 EL Zucker und ½ Päckchen Vanillepuddingpulver kochen. Erkalten lassen, dann 1 Eigelb unterrühren. 1 kleine Dose Aprikosenhälften gut abtropfen lassen. Zunächst etwas Pudding auf den Teig geben und darauf je 1 Aprikosenhälfte setzen.

Marzipantaschen: 150 g Marzipanrohmasse mit 30 g Puderzucker, 20 g gemahlenen Mandeln, etwas abgeriebener Zitronenschale und 1 Eiweiß verrühren.

Streuselschnecken

Quarkölteig (Seite 57) *
70 g Butter, zerlassen *
100 g Rosinen *
50 g Mandeln, gehackt *
40 g Zucker * 8 EL Milch *
Fett und Mehl für das Backblech *
150 g Puderzucker, mit wenig Zitronensaft verrührt

Streusel
125 g Mehl * 50 g Zucker *
½ TL Zimt * 1 Messerspitze Salz *
65 g Butter, zerlassen

Den Teig zu einem Rechteck auswellen und mit zerlassener Butter bestreichen. Mit Rosinen, Mandeln und Zucker bestreuen. Von der Längsseite her aufrollen. Mit einem scharfen Messer 1,5 cm dicke Scheiben abschneiden und diese etwas flach drücken. Mit Milch bestreichen.
Für die Streusel die Zutaten mit einem Messer zusammenhacken und auf den Schnecken verteilen. Ein Backblech fetten, mit Mehl bestäuben und die Schnecken daraufheben. Bei 200 °C 15–20 Minuten backen. Noch heiß mit Puderzuckerglasur überziehen.

Rosinenschnecken

Quarkölteig (Seite 57) *
70 g Butter, zerlassen *
75 g Sultaninen * 75 g Korinthen *
100 g Haselnüsse, gehackt *
40 g Zucker *
Fett und Mehl für das Backblech *
150 g Puderzucker, mit wenig Zitronensaft verrührt

Den Teig zu einem Rechteck auswellen und mit zerlassener Butter bestreichen. Mit Sultaninen, Korinthen, Haselnüssen und Zucker bestreuen. Von der Längsseite her aufrollen. Mit einem scharfen Messer 1,5 cm dicke Scheiben abschneiden und diese etwas flach drücken. Auf ein gefettetes, mit Mehl bestäubtes Backblech setzen. Bei 200 °C 15–20 Minuten backen. Noch heiß mit Puderzuckerglasur überziehen.

Variation

Zimtschnecken: Den Teig mit 100 g zerlassener Butter bestreichen, mit 100 g Zucker und 1½ EL Zimt bestreuen.

Quarkölteig

Puddingschnecken

Quarkölteig (Seite 57) ∗
30 g Butter, zerlassen ∗
Fett und Mehl für das Backblech ∗
150 g Puderzucker, mit wenig
Zitronensaft angerührt

Füllung
½ l Milch ∗ 3 EL Zucker ∗
1 Päckchen Vanillepuddingpulver,
mit 4 EL kalter Milch angerührt ∗
80 g Rosinen

Den Teig zu einem Rechteck auswellen und mit der Butter bestreichen.
Für die Füllung die Milch mit Zucker aufkochen und das angerührte Puddingpulver unterrühren. Kurz durchkochen, dann erkalten lassen. Die Rosinen dazugeben. Die Füllung auf den Teig streichen. Von der Längsseite her aufrollen. Mit einem scharfen Messer 1,5 cm dicke Scheiben abschneiden und diese etwas flach drücken. Auf ein gefettetes, mit Mehl bestäubtes Backblech setzen. Bei 200 °C 15–20 Minuten backen. Noch heiß mit Puderzuckerglasur überziehen.

Hamantaschen
Vollkornrezept

Vollkornquarkölteig (Seite 57) ∗
1 Eigelb, mit 2 EL Sahne verrührt ∗
Fett und Mehl für das Backblech

Füllung
150 g Quark (20%) ∗
Saft von ½ Zitrone ∗ 2 EL Ahornsirup ∗
1 Eigelb ∗ 50 g Mandeln, gehackt

Den Teig auswellen und mit dem Backrädchen zunächst breite Streifen und daraus Dreiecke ausschneiden.
Quark, Zitronensaft, Ahornsirup, Eigelb und Mandeln verrühren. Je 1 EL Füllung in die Mitte der Dreiecke geben. Die Spitzen jedes Dreiecks über der Füllung zusammenlegen, die Ränder gut zusammendrücken. Mit Eigelb bestreichen. Auf ein gefettetes, mit Mehl bestäubtes Backblech setzen. Bei 200 °C ca. 20 Minuten backen.

Reistörtchen mit Aprikosen
Vollkornrezept

Vollkornquarkölteig (Seite 57) ∗
Fett und Mehl für die Förmchen

Füllung
¼ l Milch ∗ 60 g Vollreis ∗
2 EL Honig ∗ 2 Eigelb ∗
2 Eiweiß, mit 1 Messerspitze Salz
steif geschlagen ∗ 30 g Mandelstifte ∗
4 Aprikosen, gewaschen, entsteint,
in Spalten geschnitten

Den Teig auswellen. 8 Tortelettförmchen ausfetten, mit Mehl bestäuben und mit dem Teig auslegen, leicht andrücken. Bei 200 °C 5 Minuten vorbacken.
Für die Füllung die Milch mit Reis aufkochen, 20 Minuten bei schwacher Hitze quellen lassen. Etwas abkühlen lassen, dann Honig, Eigelb, Eischnee und Mandelstifte unterrühren. Aprikosenspalten auf dem Teig verteilen, mit der Reismasse bedecken. Bei 200 °C noch ca. 20 Minuten backen.

Äpfel im Schlafrock Foto

Quarkölteig (Seite 57) ∗
4 große Äpfel, gewaschen, geschält,
Kernhaus ausgestochen, mit dem Saft
von 1 Zitrone beträufelt ∗
100 g Marzipanrohmasse, mit
1 EL Puderzucker verknetet ∗
3 EL Rosinen, über Nacht in
3 EL Rum eingeweicht ∗
1 Eigelb, mit 2 EL Sahne verrührt ∗
Fett und Mehl für das Backblech ∗
3 EL Puderzucker

Den Teig auswellen und in 4 gleich
große Quadrate schneiden. In die Mitte je 1 Apfel setzen. Marzipan und Rosinen streuselartig vermischen und die
Äpfel damit füllen. Die Teigenden mit
etwas Wasser bestreichen und über
dem Apfel zusammenklappen. Die

Ränder gut andrücken. Die ganzen
Teigtaschen mit Eigelb bestreichen.
Auf ein gefettetes, mit Mehl bestäubtes
Backblech heben. Bei 200 °C ca.
30 Minuten backen. Mit Puderzucker
bestäuben.

Variationen

Himbeer-Mandel-Füllung: 4 EL Himbeerkonfitüre, mit 1 EL Himbeergeist
und 4 EL Mandelstiften verrührt, in die
Äpfel füllen.

Nougatfüllung: 100 g Nougatmasse,
mit 2 EL gehackten Haselnüssen und
1 EL Sahne verkneten, in die Äpfel
füllen.

▷ Birne im Schlafrock (statt Apfel).

▷ Pikanten Quarkölteig (oder pikanten Vollkornquarkölteig, siehe Seite 57 verwenden, Äpfel oder Birnen
mit Käse und Nüssen füllen.

Quarkölteig

Pikantes Quarkölteiggebäck

Mini-Quiches

Pikanter Quarkölteig (Seite 57) *
Fett für die Tortelettförmchen

Zwiebelfüllung
2 große Zwiebeln, geschält, halbiert,
in dünne Scheiben geschnitten,
in 20 g Butter gedämpft, abgekühlt *
Salz * *Pfeffer* * *Kümmel*

Hackfleischfüllung
150 g Rinderhack, in 10 g Butter
gebraten, abgekühlt *
Salz * *Pfeffer* *
Paprikapulver edelsüß

Geflügelfüllung
1 kleines Putenschnitzel,
in 20 g Butter gebraten, abgekühlt,
in Streifen geschnitten *
½ Banane, in Scheiben geschnitten
und mit 1 EL Zitronensaft beträufelt *
2 EL Mandelblättchen *
Salz * *Pfeffer*

Salami-Gurken-Füllung
4 Scheiben Salami *
100 g Salatgurke, gewaschen,
geschält, gewürfelt *
Salz * *Pfeffer* *
1 EL feingehackte Petersilie

Guß
1 Becher Crème fraîche *
2 Eigelb * *Salz* * *Pfeffer* *
1 Messerspitze Muskat

Den Teig auswellen. 8 Tortelettförmchen gut ausfetten und mit dem Teig auslegen. Bei 200 °C 5 Minuten vorbacken.
Die Füllungen zubereiten – die Mengen reichen für je 2 Förmchen – und auf den Toretetts verteilen. Die Zutaten für den Guß verrühren und auf die Füllungen gießen. Bei 200 °C noch ca. 25 Minuten backen.

Variationen
Kalbfleisch-Spargel-Füllung: 1 kleines Kalbsschnitzel in 20 g Butter braten, abkühlen lassen und in Streifen schneiden. 1 kleine Dose Spargelabschnitte gut abtropfen lassen. Beides mit 2 Scheiben Käse klein geschnitten, Salz und Pfeffer vermischen.
Birnen-Preiselbeer-Füllung: 1 Birne schälen, halbieren, Kernhaus entfernen, in Spalten schneiden und mit 1 EL Zitronensaft beträufeln. Mit 2 TL eingelegten Preiselbeeren. 25 g Blauschimmelkäse, Salz und Pfeffer vermischen.
Wildfüllung: 2 Scheiben Wildbraten klein schneiden. ½ Apfel schälen, Kernhaus entfernen und grob raffeln. Beides mit 2 TL Johannisbeergelee, Salz und Pfeffer vermischen.
Tomaten-Käse-Füllung: 2 Tomaten waschen und in Scheiben, 4 Scheiben Käse in schmale Streifen schneiden. Mit Salz, Pfeffer und 2 EL kleingeschnittenem Basilikum vermischen.

Quarkölteig

Schinkentörtchen

Pikanter Quarkölteig (Seite 57) *
Fett und Mehl für kleine Napfkuchen-
oder Bricheförmchen * *1 Eigelb*

Füllung
250 g gekochter Schinken, durch den
Fleischwolf gedreht * *100 g Crème*
fraîche * *Salz* * *Pfeffer* *
2 EL feingehackte Petersilie

Den Teig auswellen. Die Förmchen
ausfetten, mit Mehl bestäuben und mit
⅔ des Teiges auslegen.
Die Zutaten für die Füllung verrühren
und auf den Teig gießen. Mit einem
Teigdeckel verschließen. Mit Eigelb
bestreichen. Bei 200 °C ca. 30 Minuten backen.

Variation
Ochsenmarktörtchen: Für die Füllung
50 g Ochsenmark, 2 Brötchen (in
¼ l heißer Milch eingeweicht und ausgedrückt), 50 g gemahlene Mandeln,
1 Ei, 2 EL Crème fraîche, Salz, Pfeffer
und Muskat miteinander verrühren.

Kräuterfladen
Vollkornrezept

Pikanter Vollkornquarkölteig
(Seite 57), mit 2 EL gehackten
frischen Kräutern zubereitet *
Fett und Mehl für das Backblech

Belag
150 g Crème fraîche *
4 EL gehackte frische Kräuter *
Salz * *Pfeffer*

Den Teig auswellen und Kreise oder
Ovale ausschneiden. Für den Belag
die Zutaten verrühren und auf dem
Teig verteilen. Die Fladen auf ein gefettetes, mit Mehl bestäubtes Backblech heben. Bei 200 °C ca. 20 Minuten backen.

Champignonmonde
Vollkornrezept

Pikanter Vollkornquarkölteig
(Seite 57) *
1 Eigelb, mit 2 EL Sahne verrührt *
Fett und Mehl für das Backblech

Füllung
20 g Kräuterbutter *
50 g Speck, gewürfelt *
2 Schalotten, geschält, gewürfelt *
200 g Champignons, geputzt,
gewaschen,
gewürfelt * *Salz* * *Pfeffer* *
2 EL feingehackte Petersilie

Die Kräuterbutter zerlassen und die
Speckwürfel darin anbraten. Schalot-
ten- und Champignonwürfel dazugeben und schmoren, bis alle Flüssigkeit
verdampft ist. Mit Salz, Pfeffer und Petersilie würzen. Etwas abkühlen lassen.
Den Teig auswellen und mit einem
Glas von etwa 8 cm Durchmesser
Kreise ausstechen. Die Füllung auf eine Kreishälfte geben, die andere darüberklappen. Teigränder gut andrük-
ken, die Monde mit Eigelb bestreichen. Auf ein gefettetes, mit Mehl
bestäubtes Backblech setzen. Bei
200 °C ca. 20 Minuten backen.

65

Quarkölteig

Kräuterküchlein
Vollkornrezept

*Pikanter Vollkornquarkölteig
(Seite 57), mit 1 EL gehackten
frischen Kräutern zubereitet ∗
Fett für die Tortelettförmchen*

*Füllung
250 g Doppelrahmfrischkäse ∗
3 Eier ∗ 8 EL gehackte frische
Kräuter ∗ Salz ∗ Pfeffer*

Den Teig auswellen und 8 gefettete
Tortelettförmchen damit auslegen. Bei
200 °C 5 Minuten vorbacken.
Die Zutaten für die Füllung verrühren
und auf den Torteletts verteilen. Bei
200 °C noch ca. 20 Minuten bakken.

Pizzataschen
Vollkornrezept

*Pikanter Vollkornquarkölteig
(Seite 57) ∗
1 Eigelb, mit 2 EL Sahne verrührt ∗
Fett und Mehl für das Backblech*

*Füllung
1 EL Olivenöl ∗ 1 kleine Zwiebel,
geschält, gewürfelt ∗
250 g Rinderhack ∗
125 g Champignons, geputzt,
gewürfelt ∗ ½ rote Paprikaschote,
geputzt, gewaschen, gewürfelt ∗
1 Knoblauchzehe, geschält,
durchgepreßt ∗ 4 EL schwarze Oliven
entsteint, in Stücke geschnitten ∗
⅛ l Fleischbrühe (Würfel) ∗
Salz ∗ Pfeffer ∗ Origano*

66

Das Olivenöl erhitzen, Zwiebel und
Hackfleisch darin anbraten. Die übrigen Zutaten dazugeben und so lange
köcheln lassen, bis alle Flüssigkeit verdampft ist. Etwas abkühlen lassen.
Den Teig auswellen und Quadrate
ausschneiden. Etwas Füllung auf eine
Teighälfte geben, die andere darüberklappen, die Ränder gut zusammendrücken. Die Taschen mit Eigelb bestreichen. Auf ein gefettetes, mit Mehl
bestäubtes Backblech setzen. Bei
200 °C ca. 25 Minuten backen.

Mangoldtörtchen
Vollkornrezept

*Pikanter Vollkornquarkölteig
(Seite 57) ∗
Fett für die Tortelettförmchen*

*Füllung
20 g Butter ∗ 1 Schalotte, gewürfelt ∗
300 g Mangoldblätter, gewaschen,
klein geschnitten ∗ 1 Knoblauchzehe,
durchgepreßt ∗ 2 Tomaten, gehäutet,
gewürfelt ∗ 100 g Crème fraîche ∗
50 g Hartkäse, gerieben ∗
Salz ∗ Pfeffer ∗ Muskat*

Den Teig auswellen und 8 gefettete
Tortelettförmchen damit auslegen. Bei
200 °C 5 Minuten vorbacken.
Die Butter erhitzen, Schalottenwürfel,
Mangold und Knoblauch darin anbraten. Tomatenwürfel und Crème fraîche
dazugeben und einkochen. Etwas abkühlen lassen, dann den Käse dazugeben und würzen. Die Füllung auf den
Torteletts verteilen. Bei 200 °C noch
ca. 20 Minuten backen.

Quarkölteig

Speckbrötchen Foto
Vollkornrezept

*Pikanter Vollkornquarkölteig
(Seite 57), mit 120 g gewürfeltem
Frühstücksspeck zubereitet **
1 Eigelb, mit 3 EL Sahne verrührt *
Fett und Mehl für das Backblech

Mit angefeuchteten Händen aus dem
Teig kleine Brötchen formen. Mit Eigelb bestreichen. Auf ein gefettetes,
bemehltes Backblech setzen. Bei
200 °C ca. 30 Minuten backen.

Walnußbrötchen Foto
Vollkornrezept

*Pikanter Vollkornquarkölteig
(Seite 57), mit 120 g gehackten
Walnußkernen zubereitet **
1 Eigelb, mit 3 EL Sahne verrührt *
Fett und Mehl für das Backblech

Mit angefeuchteten Händen aus dem
Teig kleine Brötchen formen. Mit Eigelb bestreichen. Auf ein gefettetes,
bemehltes Backblech setzen. Bei
200 °C ca. 30 Minuten backen.

Würstchen im Teig
Vollkornrezept

*Pikanter Vollkornquarkölteig
(Seite 57) * 6 Saitenwürstchen **
1 Eigelb, mit 2 EL Sahne verrührt *
Fett und Mehl für das Backblech

Den Teig auswellen und Rechtecke in
der Länge der Würstchen ausschneiden. Die Saitenwürstchen darauflegen,
den Teig darüber zusammenschlagen.
Die Teigränder gut andrücken, alles
mit Eigelb bestreichen. Auf ein gefettetes, mit Mehl bestäubtes Backblech
setzen. Bei 200 °C ca. 25 Minuten
backen.

Quarkölteig

Brokkolitörtchen
Vollkornrezept

*Pikanter Vollkornquarkölteig
(Seite 57) *
Fett für die Tortelettförmchen*

*Füllung
300 g Brokkoli, gewaschen, geputzt,
3 Minuten blanchiert, abgetropft *
20 g Mandelstifte*

*Guß
150 g Sahne * 3 Eier *
Salz * Pfeffer *
1 Messerspitze Muskat*

Den Teig auswellen und 8 gefettete
Tortelettförmchen damit auslegen. Bei
200 °C 5 Minuten vorbacken.
Brokkoliröschen und Mandelstifte auf
den Torteletts verteilen. Für den Guß
die Zutaten verrühren und darübergießen. Bei 200 °C noch ca. 20 Minuten
backen.

Sauerkrautkrapfen
Vollkornrezept

*Pikanter Vollkornquarkölteig
(Seite 57) * 1 Eigelb, mit 2 EL Sahne
verrührt*

*Füllung
1 kleine Dose Sauerkraut *
60 g Schwarzwälder Schinken,
gewürfelt * 1 EL Kümmelkörner*

Das Sauerkraut abtropfen lassen und
mit einer Gabel auflockern. Schinken-
würfel und Kümmel untermischen.

Den Teig auswellen und Quadrate
ausschneiden. Eine Teighälfte mit der
Füllung belegen, die andere darüberklappen, die Ränder gut zusammendrücken. Mit Eigelb bestreichen. Auf
ein gefettetes, mit Mehl bestäubtes
Backblech setzen. Bei 200 °C ca.
25 Minuten backen.

Apfel-Zwiebel-Törtchen
Vollkornrezept

*Pikanter Vollkornquarkölteig
(Seite 57) *
Fett für die Tortelettförmchen*

*Füllung
2 mürbe Äpfel, geschält, halbiert,
Kernhaus entfernt,
gewürfelt und mit dem Saft
von ½ Zitrone beträufelt *
4 Zwiebeln, geschält, halbiert,
in Scheiben geschnitten und
in wenig Butter gedämpft *
50 g Speck, gewürfelt *
Salz * Pfeffer*

*Guß
100 g Sahne *
2 Eigelb *
Salz * Pfeffer*

Den Teig auswellen und 8 gefettete
Tortelettförmchen damit auslegen. Bei
200 °C 5 Minuten vorbacken.
Die Zutaten für die Füllung vermischen und auf den Torteletts verteilen.
Für den Guß die Zutaten verrühren
und darübergießen. Bei 200 °C noch
ca. 20 Minuten backen.

Brandteig

Brandteiggebäck ist sehr locker und luftig und schmeckt am besten ganz frisch. Brandteig ist geschmacksneutral und kann daher für süße und salzige Füllungen verwendet werden.

▷ Brandteig wird mit dem Spritzbeutel in die gewünschten Formen gespritzt. Große Zwischenräume zwischen den Gebäckstücken lassen, da Brandteig stark aufgeht.

▷ Das Backblech mit Backpapier auslegen.

▷ Im vorgeheizten Backofen bei 220 °C backen, während des Backens die Ofentüre nicht öffnen!

▷ Brandteig wird besonders luftig, wenn man ½ Tasse Wasser in die Fettpfanne des Backofens gießt und die Türe sofort schließt.

Brandteig
*¼ l Wasser * 1 Prise Salz *
60 g Butter *
150 g Mehl * 4 Eier *
1 TL Backpulver*

Vollkornbrandteig
*Gut ¼ l Wasser * 1 Prise Salz *
60 g Butter *
150 g Weizenvollkornmehl *
4 Eier * 1 TL Backpulver*

Wasser, Salz und Butter zum Kochen bringen. Das Mehl auf einmal einschütten und so lange rühren, bis sich die Masse als Kloß vom Topfboden löst. Vom Herd nehmen und sofort 1 Ei unter die heiße Masse schlagen. Abkühlen lassen und nach und nach die restlichen Eier unterrühren. Das Backpulver unter den erkalteten Teig rühren.

Brandteig

Süßes Brandteiggebäck

Profiteroles

Brandteig (Seite 69) ∗
100 g Kuvertüre, im Wasserbad
geschmolzen ∗
¼ l Sahne, mit 1 EL Zucker
und 1 TL Vanillinzucker
steif geschlagen

Den Teig in einen Spritzbeutel mit Sterntülle füllen und auf ein mit Backpapier ausgelegtes Backblech kleine Rosetten spritzen. Bei 220 °C ca. 15 Minuten backen. Erkalten lassen und halbieren. Die obere Hälfte mit Kuvertüre bestreichen. Beide Hälften mit Sahne gefüllt, wieder zusammensetzen.

Brandteigschwäne
Vollkornrezept

Vollkornbrandteig (Seite 69) ∗
375 ml Sahne, mit 2 EL Ahornsirup
steif geschlagen

Den Teig in einen Spritzbeutel füllen und auf ein mit Backpapier ausgelegtes Backblech 12 Ovale (6 cm lang) und 12 S-Formen spritzen. Bei 220 °C ca. 20 Minuten backen. Erkalten lassen. Die Ovale quer durchschneiden. Auf die untere Hälfte Sahne häufen. Die obere Hälfte der Länge nach teilen und als Flügel rechts und links an die Sahne legen. Die S-Form als Hals andrücken.

Eclairs Foto

Brandteig (Seite 69) ∗
100 g Puderzucker, mit wenig
Zitronensaft verrührt ∗
375 ml Sahne, mit 2 EL Zucker und
1 TL Vanillinzucker steif geschlagen

Die Brandteigmasse in einen Spritzbeutel mit großer Sterntülle füllen und 10 cm lange Stränge auf ein mit Backpapier ausgelegtes Backblech spritzen. Bei 220 °C 25–30 Minuten backen. Mit Puderzuckerglasur überziehen, erkalten lassen. Waagerecht halbieren und mit der Sahne füllen.

Variation

Mokka-Eclairs: Für die Glasur 100 g Puderzucker mit wenig Kaffee verrühren. Für die Füllung 375 ml Sahne mit 2 EL Zucker und 1 TL Vanillinzucker steif schlagen und 2 EL Instantkaffee, der in 1 EL warmem Wasser aufgelöst wurde, unterrühren.

Windbeutel Foto

Brandteig (Seite 69) ∗ Puderzucker

Füllung
375 ml Sahne, mit 2 EL Zucker
und 1 TL Vanillinzucker steif
geschlagen ∗
100 g Obst, z. B. Kirschen, Erdbeeren,
Himbeeren, Heidelbeeren,
Brombeeren, Kiwis

Die Brandteigmasse in einen Spritzbeutel mit großer Sterntülle füllen und Rosetten auf ein mit Backpapier ausgelegtes Backblech spritzen. Bei 220 °C 25–30 Minuten backen. Gleich nach dem Backen mit der Schere aufschneiden oder einen Deckel abschneiden und die Windbeutel erkalten lassen. Mit Schlagsahne und Obst füllen, mit Puderzucker bestäuben.

Eberswalder Spritzkuchen
Foto

Brandteig (Seite 69) *
Fritierfett *
150 g Puderzucker,
mit wenig
Zitronensaft verrührt

Den Teig in einen Spritzbeutel mit Sterntülle füllen und Ringe auf Backpapier spritzen. In einem weiten Topf oder in der Friteuse das Fritierfett erhitzen, die Ringe vorsichtig hineingleiten lassen. Von beiden Seiten goldgelb backen. Auf Küchenkrepp abtropfen lassen. Noch heiß mit Puderzuckerglasur überziehen.

Variation
Schmalzkuchen: Den Brandteig nicht mit Butter, sondern mit Schweineschmalz zubereiten.

Eclairs

Eberswalder Spritzkuchen

Windbeutel

Brandteig

Schokoladenkringel

*Brandteig (Seite 69) ***
150 g Kuvertüre, im Wasserbad
geschmolzen

Den Teig in einen Spritzbeutel mit
Sterntülle füllen und auf ein mit Backpapier ausgelegtes Backblech Ringe
spritzen. Bei 220 °C 25–30 Minuten
backen. Erkalten lassen. Eine Hälfte in
Kuvertüre tauchen, trocknen lassen.

Pikantes Brandteiggebäck

Pikante Windbeutel

Foto Seite 7

Brandteig (Seite 69)

Grundfüllung
250 g Doppelrahmfrischkäse,
mit 100 g saurer Sahne, Salz,
Pfeffer, 1 EL Zitronensaft und
¼ l steifgeschlagener Sahne verrührt

Kräuterfüllung
3 EL feingehackte frische Kräuter

Curryfüllung
2–3 TL Curry

Paprikafüllung
*1 EL Paprikamark ***
*½ TL Paprikapulver edelsüß ***
½ rote Paprikaschote, gewürfelt

Den Brandteig in einen Spritzbeutel
mit großer Sterntülle füllen und auf

ein mit Backpapier ausgelegtes Backblech Rosetten spritzen. Bei 220 °C
25–30 Minuten backen. Mit der Schere durchschneiden oder eine Kappe
abschneiden, erkalten lassen.
Die Grundfüllung in 3 Teile teilen und
jeweils mit Kräutern, Curry bzw. Papri-
ka verrühren. Die Füllungen in die
Windbeutel spritzen und wieder zusammensetzen.

Variationen
Jeweils für ⅓ Grundfüllung.
Krabbenfüllung: 100 g Krabben,
1 Bund Dill, fein gehackt.
Dattelfüllung: 4 frische Datteln, gehäutet, entsteint, gewürfelt, 3 EL Pistazien,
gehackt, 2 EL Sherry.
Käsefüllung: 50 g Blauschimmelkäse,
mit 2 EL Sahne verrührt, 50 g Trau-
ben, gewaschen, halbiert, Kerne entfernt, 3 EL Walnußkerne, gehackt.

Käsekrapfen
Vollkornrezept

Vollkornbrandteig (Seite 69), mit
150 g geriebenem Gouda
*zubereitet * Fritierfett*

Den Teig fertigstellen, das Fritierfett in
einem Topf oder einer Friteuse erhitzen. Mit 2 Eßlöffeln Bällchen von der
Brandteigmasse abstechen und in das
heiße Fett gleiten lassen. Von allen
Seiten goldgelb backen. Auf Küchenkrepp abtropfen lassen.

Variation
Käse-Mandel-Krapfen: 40 g Mandelstifte zum Teig geben.

72

Biskuitmasse

Biskuitgebäck ist ein Genuß für alle, die Süßes lieben. Es ist sehr fein und zart und hat einen hohen Eianteil. Es verträgt keine längere Lagerung.

▷ Möglichst große, frische Eier verwenden.
▷ Der Eischnee muß sehr steif geschlagen sein (Zubereitung von Eischnee siehe Seite 83).
▷ Die Biskuitmasse je nach Rezept entweder in Papierbackförmchen oder auf ein mit Backpapier belegtes Backblech gießen.
▷ Im vorgeheizten Backofen bei 200 °C goldgelb backen.

Biskuitmasse

4 Eigelb *
4 EL lauwarmes Wasser *
150 g Zucker *
1 Päckchen Vanillinzucker *
4 Eiweiß, mit 1 Messerspitze Salz
zu steifem Schnee geschlagen *
80 g Mehl, gesiebt und
mit 80 g Speisestärke und
1 TL Backpulver vermischt

Vollkornbiskuitmasse

4 Eigelb *
4 EL lauwarmes Wasser *
4 EL Ahornsirup * 4 Eiweiß, mit
1 Messerspitze Salz zu steifem
Schnee geschlagen *
150 g Weizenvollkornmehl,
gesiebt und mit 1 TL Backpulver
vermischt

Eigelb, Wasser und Süßmittel dickschaumig schlagen. Den Eischnee daraufgeben und das Mehl darübersieben. Alles vorsichtig untereinanderheben und rasch weiterverarbeiten.

Biskuitmasse

Löffelbiskuits Foto

Biskuitmasse (Seite 73) ∗
80 g Zucker

Die Biskuitmasse in einen Spritzbeutel mit glatter Tülle füllen und 10 cm lange Streifen auf ein mit Backpapier belegtes Backblech spritzen. Bei 180 °C ca. 10 Minuten backen. Noch warm vom Backpapier lösen und in Zucker wälzen.

Mohrenköpfe Foto

3 Eigelb ∗ 1 EL lauwarmes Wasser ∗
120 g Zucker ∗
1 Päckchen Vanillinzucker ∗
3 Eiweiß, mit 1 Messerspitze Salz
steif geschlagen ∗ 150 g Mehl,
gesiebt und mit 50 g Speisestärke
und 1 TL Backpulver vermischt ∗
4 EL erwärmte Aprikosenkonfitüre ∗
150 g Kuvertüre, im Wasserbad
geschmolzen ∗ 375 ml Sahne, mit
½ Päckchen Vanillepuddingpulver
ohne Kochen steif geschlagen

Eigelb mit Wasser, Zucker und Vanillinzucker schaumig schlagen. Den Eischnee daraufgeben und die Mehlmischung darübersieben. Alles vorsichtig durcheinanderheben. Die Biskuitmasse in Papierbackförmchen füllen. Bei 200 °C 15 Minuten backen. Noch heiß mit Aprikosenkonfitüre bestreichen und erkalten lassen. Mit der Kuvertüre überziehen, auf einem Kuchengitter trocknen lassen. Die Mohrenköpfe halbieren, mit der Sahne füllen und wieder zusammensetzen.

Mokkatörtchen Foto

Biskuitmasse (Seite 73) ∗
20 ml Mokkalikör

Creme
200 g Butter ∗ 150 g Puderzucker ∗
1 Eigelb ∗ 1 EL Kakaopulver ∗
2 EL starker Instantkaffee

Verzierung
Einige Mokka-Schokoladenbohnen ∗
40 g Mandelblättchen, geröstet

Die Biskuitmasse auf ein mit Backpapier ausgelegtes Backblech gießen, glattstreichen. Bei 200 °C ca. 15 Minuten goldgelb backen, erkalten lassen. Aus der Biskuitplatte mit einem Glas Kreise ausstechen. Den restlichen Biskuit klein würfeln und mit Mokkalikör beträufeln.

Für die Creme Butter, Puderzucker und Eigelb cremig rühren. Kakaopulver und Kaffee dazugeben. ⅓ der Creme abnehmen. Den Rest mit den Biskuitwürfeln vermischen und auf die Biskuitböden verteilen. Die abgenommene Creme in einen Spritzbeutel mit kleiner Lochtülle füllen und Spiralen auf die Törtchen spritzen. In die Mitte eine Mokka-Schokoladenbohne setzen, den Rand mit Mandelblättchen belegen.

Löffelbiskuits

Mokkatörtchen

Mohrenkopf

Biskuitmasse

Zitronenschnitten

Biskuitmasse (Seite 73),
mit ½ TL abgeriebener Zitronenschale
zubereitet ∗ 3 EL Zitronenkonfitüre,
erwärmt

Füllung
4 Eier ∗ 150 g Zucker ∗
Saft von 3 Zitronen ∗
abgeriebene Schale von
½ unbehandelten Zitrone ∗
⅛ l Weißwein ∗
6 Blatt weiße Gelatine,
eingeweicht, ausgedrückt,
warm aufgelöst ∗
¼ l Sahne, steif geschlagen

Verzierung
60 g Puderzucker ∗
⅛ l Sahne, mit 1 EL Zucker und
½ Päckchen Sahnefestiger
steif geschlagen ∗
blanchierte Zitronenschale,
geraspelt

Die Biskuitmasse auf ein mit Backpapier ausgelegtes Backblech gießen und glattstreichen. Bei 200 °C ca. 15 Minuten goldgelb backen, erkalten lassen. Die Biskuitplatte der Länge nach halbieren. Die Schnittseiten jeder Platte mit Zitronenkonfitüre bestreichen.
Für die Füllung Eier und Zucker schaumig schlagen. Zitronensaft, -schale und Weißwein dazugeben. Alles langsam unter die etwas abgekühlte Gelatine rühren. Kühl stellen. Sobald die Masse anfängt zu gelieren, die Sahne unterziehen. Die Zitronencreme auf eine Biskuitplatte streichen

mit der anderen abdecken und im Kühlschrank fest werden lassen. Dick mit Puderzucker übersieben, mit Sahnetupfen und Zitronenschalenraspeln verzieren. Mit einem scharfen Messer in Schnitten teilen.

Variation

Vanillecremeschnitten: Für die Füllung 375 ml Milch, 60 g Zucker und ausgekratztes Mark von 1 Vanilleschote miteinander aufkochen. 1 Päckchen Sahnepuddingpulver mit 4 EL kalter Milch glattrühren, dazugießen und kurz kochen lassen. Vom Herd nehmen und 4 Blatt kalt eingeweichte, warm aufgelöste Gelatine einrühren. Kühl stellen. Sobald die Masse anfängt zu gelieren, ¼ l steifgeschlagene Sahne unterziehen. Die Vanillecreme zwischen die Teigplatten streichen, im Kühlschrank fest werden lassen. Als Verzierung statt der Zitronenraspel auf die Sahnetupfen Mandelblättchen streuen.

Himbeerschnitten

Biskuitmasse (Seite 73) ∗
375 ml Sahne, mit ½ Päckchen
Vanillepuddingpulver ohne Kochen
steif geschlagen ∗
500 g Himbeeren, verlesen ∗
1 Päckchen klarer Tortenguß,
nach Packungsaufschrift zubereitet

Ein Backblech mit Backpapier auslegen und die Biskuitmasse hineingießen, glattstreichen. Bei 200 °C ca. 15 Minuten goldgelb backen, erkalten lassen. Den Biskuitboden mit der Sahne bestreichen, mit den Himbeeren

Biskuitmasse

belegen und den Tortenguß darübergießen. Mit einem scharfen Messer in Schnitten teilen.

Variation
Mit einer anderen Obstsorte belegen, z.B. Erdbeeren, Heidelbeeren, Brombeeren, Kiwis, Mandarinenspalten.

Orangen-Schokoladen-Schnitten

Biskuitmasse (Seite 73),
mit 2 EL Kakaopulver zubereitet

Creme
*2 Eigelb * 100 g Zucker *
*100 ml frisch gepreßter Orangensaft *
6 Blatt weiße Gelatine,
kalt eingeweicht, ausgedrückt,
*warm aufgelöst *
375 ml Sahne, steif geschlagen

Verzierung
*50 g Schokoladenspäne * ⅛ l Sahne,*
mit 1 EL Zucker steif geschlagen

Die Biskuitmasse auf ein mit Backpapier ausgelegtes Backblech gießen und glattstreichen. Bei 200 °C ca. 15 Minuten goldgelb backen, erkalten lassen. Der Länge nach halbieren. Eigelb, Zucker und Orangensaft im Wasserbad dickschaumig schlagen. Langsam unter die Gelatine rühren. Kühl stellen. Sobald die Masse anfängt zu gelieren, die Sahne unterziehen. Die Hälfte der Orangencreme auf die Schnittfläche einer Teigplatte streichen, die andere Teigplatte darauflegen und mit der restlichen Creme be-

streichen. Kühl stellen. Mit Schokoladenspänen und Sahnetupfen verzieren. In Stücke schneiden.

Biskuitomeletts
Foto
Seite 6

*Biskuitmasse (Seite 73) *
*1 Dose Mangospalten, abgetropft *
375 ml Sahne, mit ½ Päckchen
Vanillepuddingpulver ohne Kochen
*steif geschlagen * 2 EL Puderzucker*

Aus der Biskuitmasse 6 Kreise auf 2 mit Backpapier ausgelegte Backbleche streichen. Nacheinander bei 200 °C in 8–10 Minuten hellgelb bakken. Sofort vom Blech nehmen und um ein Wellholz legen. Erkalten lassen. Das Biskuitomelett mit Mangospalten füllen. Die Sahne in einen Spritzbeutel mit Sterntülle geben und in die Omeletts spritzen. Mit Puderzucker bestreuen.

Variationen
▷ Mit anderen Obstsorten füllen, z.B. mit Erdbeeren, Himbeeren, Heidelbeeren, Brombeeren, Pfirsichspalten, Kiwis usw.

Zitronencremefüllung: ⅛ l Weißwein mit 80 g Zucker und dem Saft von 2 Zitronen aufkochen, 1 EL aufgelöste Speisestärke einrühren und kurz kochen, erkalten lassen. ¼ l steifgeschlagene Sahne unterziehen.

Schokoladencremefüllung: ¼ l Milch mit 1 Päckchen Schokoladenpuddingpulver ohne Kochen steif schlagen. 2 EL Rum unterrühren. Mit Sauerkirschen (1 kleines Glas) füllen.

Biskuitmasse

Madeleines

*4 Eigelb * 100 g Zucker *
½ TL abgeriebene Zitronenschale *
4 Eiweiß, mit 1 Messerspitze Salz
steif geschlagen *
100 g Mehl, gesiebt *
60 g Butter, zerlassen *
Butter und Mehl für die Förmchen*

Eigelb und Zucker im Wasserbad dick-schaumig aufschlagen. Vom Herd neh-men und Zitronenschale, Eischnee, Mehl und Butter unterrühren. Madelei-neförmchen buttern und mit Mehl be-stäuben. Die Biskuitmasse eingießen. Bei 200 °C ca. 12 Minuten backen.

Sacherschnitten

Foto Seite 6

*120 g zimmerwarme Butter *
120 g Zucker * 6 Eigelb *
180 g Zartbitterschokolade,
im Wasserbad geschmolzen,
abgekühlt * 6 Eiweiß, mit
1 Messerspitze Salz steif geschlagen *
100 g Mehl, mit 100 g Speisestärke
und 1 TL Backpulver vermischt *
1 kleines Glas Aprikosenkonfitüre,
erwärmt * 250 g Kuvertüre,
im Wasserbad geschmolzen *
50 g Nougatglasur,
im Wasserbad geschmolzen*

Butter, Zucker und Eigelb schaumig schlagen, die Schokolade unterrühren. Den Eischnee darauf verteilen, das Mehlgemisch darübersieben. Alles vorsichtig untereinanderheben und auf ein mit Backpapier ausgelegtes Backblech streichen. Bei 200 °C ca. 20 Minuten backen. Noch heiß mit der Aprikosenkonfitüre bestreichen. Erkalten lassen. Mit einem scharfen Messer in Stücke schneiden. Mit der Kuvertüre bestreichen. Die Nougatgla-sur in einen Tiefkühlbeutel füllen, von dem eine kleine Spitze abgeschnitten wurde, Verzierungen aufspritzen.

Punschtörtchen

Foto Seite 6

*Biskuitmasse (Seite 73) *
6 cl Rum * 170 g Marzipanrohmasse,
mit 5 EL Puderzucker verknetet *
100 g Orangenmarmelade, erwärmt *
150 g Puderzucker, mit etwas
Rum verrührt * einige kandierte
Kirschen, halbiert * 50 g Kuvertüre,
im Wasserbad geschmolzen*

Die Biskuitmasse in eine mit Backpa-pier ausgelegte, tiefe, rechteckige Backform gießen und glattstreichen. Bei 200 °C 15–20 Minuten backen, erkalten lassen. Zweimal durchschnei-den, so daß 3 Teigplatten entstehen. Die unterste Teigplatte mit 2 cl Rum beträufeln. ⅓ der Marzipanmasse aus-wellen und darauflegen. Mit der zwei-ten Teigplatte belegen. Diese mit 4 cl Rum beträufeln und mit der drit-ten Teigplatte belegen. Die Oberfläche mit Orangenmarmelade bestreichen. Das restliche Marzipan auswellen und darauflegen. Mit Puderzuckerglasur überziehen und mit kandierten Kir-schen belegen. Von einem Tiefkühl-beutel eine kleine Ecke abschneiden, die Kuvertüre einfüllen und Verzierun-gen aufspritzen.

78

Biskuitmasse

Petit fours

Foto

Biskuitmasse (Seite 73) ∗
⅓ Glas Himbeer- oder
Johannisbeergelee,
mit 4 EL Himbeergeist verrührt ∗
100 g Marzipanrohmasse,
mit 2 EL Puderzucker verknetet

Glasur
125 g Puderzucker, mit wenig
Zitronensaft verrührt ∗
125 g Puderzucker, mit wenig
Himbeersirup verrührt ∗
100 g Schokoladenglasur,
im Wasserbad aufgelöst

Verzierung
Einige kandierte Kirschen, halbiert
oder in Stücke geschnitten ∗
einige Pistazien ∗
etwas steifgeschlagene Sahne

Die Biskuitmasse auf ein mit Backpapier ausgelegtes Backblech gießen und glattstreichen. Bei 200 °C in ca. 15 Minuten goldgelb backen, erkalten lassen. Die Biskuitplatte der Länge nach halbieren. Eine Hälfte auf der Schnittfläche mit Gelee bestreichen, die andere darauflegen, leicht andrücken. Marzipan auswellen und die ganze Oberfläche der Teigplatte damit belegen. Mit einem scharfen Messer Würfel oder Rauten ausschneiden. Die Gebäckstücke mit Zitronen- (weiß), Himbeer- (rosa) oder Schokoladenglasur überziehen. Wechselweise mit kandierten Kirschen oder Pistazien belegen oder mit der Sahne und den restlichen Puderzuckerglasuren verzieren. Dafür von einem Tiefkühlbeutel eine winzige Ecke abschneiden, die Glasur einfüllen und Verzierungen spritzen.

Biskuitmasse

Schokoladenschnitten

*5 Eigelb * 100 g Zucker *
1 EL Kirschwasser *
50 g Zartbitterschokolade, im
Wasserbad geschmolzen, abgekühlt *
125 g Mandeln, gemahlen *
5 Eiweiß, mit 1 Messerspitze Salz
steif geschlagen * 80 g Mehl,
mit ½ TL Backpulver vermischt*

*Füllung
¼ l Milch * 70 g Zucker * ½ Päckchen
Schokoladenpuddingpulver,
mit 3 EL kalter Milch angerührt *
1 Eigelb * 125 g zimmerwarme
Butter * 2 EL Kakaopulver *
2 EL Kirschwasser*

*100 g Marzipanrohmasse,
mit 2 EL Puderzucker verknetet *
250 g Kuvertüre, im Wasserbad
geschmolzen*

Eigelb und Zucker schaumig schlagen. Kirschwasser, Schokolade und Mandeln unterrühren. Den Eischnee daraufgeben, das Mehl darübersieben und alles behutsam untereinanderrühren. Auf ein mit Backpapier ausgelegtes Backblech gießen. Bei 200 °C ca. 20 Minuten backen, erkalten lassen. Die Teigplatte der Länge nach halbieren.
Für die Füllung Milch mit Zucker aufkochen. Das Puddingpulver einrühren und kurz kochen. Vom Herd nehmen und abkühlen lassen, dann das Eigelb unterrühren. Die Butter mit Kakaopulver und Kirschwasser schaumig rühren. Löffelweise den Pudding unterrühren. Die Füllung auf die Schnittflä-

che einer Teigplatte streichen und mit der anderen abdecken. Marzipan auswellen und darauflegen. Im Kühlschrank fest werden lassen. Mit einem scharfen Messer in Stücke schneiden. Mit der Kuvertüre bestreichen.

Trüffelschnitten

*9 Eigelb * 100 g Marzipanrohmasse *
100 g Zucker * 1 EL Cognac *
70 g Kakaopulver *
9 Eiweiß, mit 1 Messerspitze Salz
steif geschlagen * 120 g Mehl*

*Füllung
½ l Sahne *
200 g Zartbitterschokolade,
in Stücke gebrochen *
1 TL Pulverkaffee * 2 EL Cognac *
250 g zimmerwarme Butter *
200 g Puderzucker*

*Verzierung
2 EL Kakaopulver *
einige Schokoladentrüffel*

Eigelb, Marzipan, Zucker, Cognac und Kakaopulver schaumig rühren. Den Eischnee daraufgeben, das Mehl darübersieben und beides vorsichtig untereinanderheben. Die Masse auf ein mit Backpapier ausgelegtes Backblech streichen. Bei 200 °C ca. 25 Minuten backen, erkalten lassen. Zweimal durchschneiden, so daß 3 Teigplatten entstehen.
Für die Füllung Sahne und Schokolade aufkochen, vom Herd nehmen, Kaffee und Cognac unterrühren. Alle Zutaten müssen sich in der Sahne auf-

Biskuitmasse

lösen. Erkalten lassen. Butter und Puderzucker schaumig rühren. Löffelweise die Sahne-Schokoladen-Mischung unterrühren. Kühl stellen. Die Teigböden mit ¾ der Füllung zusammensetzen. Mit einem scharfen Messer in Stücke schneiden. Die restliche Füllung in Spritzbeutel füllen und die Gebäckstücke damit verzieren. Jedes Stück mit etwas Kakao bestreuen und Schokoladentrüffel daraufsetzen.

Nougatschnitten

*8 Eigelb * 80 g Marzipanrohmasse ***
*100 g Zucker ***
*60 g Kakaopulver ***
80 g Haselnüsse, geröstet,
*Häutchen entfernt, gemahlen ***
8 Eiweiß, mit 1 Messerspitze Salz
*steif geschlagen * 100 g Mehl*

Füllung
*150 g zimmerwarme Butter ***
*120 g Puderzucker * 4 cl Rum ***
*3 Eigelb ***
300 g zimmerwarme Nougatmasse

Einige ganze Haselnüsse, geröstet,
Häutchen entfernt

Eigelb, Marzipan, Zucker und Kakaopulver schaumig schlagen. Haselnüsse unterrühren. Den Eischnee daraufgeben, das Mehl darübersieben, alles vorsichtig untereinanderheben. Auf ein mit Backpapier ausgelegtes Backblech streichen. Bei 200 °C 25 Minuten backen, erkalten lassen. Zweimal durchschneiden, so daß 3 Teigplatten entstehen.

Für die Füllung Butter, Puderzucker, Rum, Eigelb und Nougatmasse gründlich verrühren. Kühl stellen. Die Teigplatten mit ¾ der Füllung zusammensetzen. Mit einem scharfen Messer in Stücke schneiden. Die restliche Füllung in Spritzbeutel mit Lochtülle füllen und die Gebäckstücke damit verzieren. Auf jedes Stück eine Haselnuß setzen.

Baumkuchenschnitten

*250 g zimmerwarme Butter ***
*200 g Zucker * 5 Eigelb ***
*2 EL Rum * 1 EL Zitronensaft ***
5 Eiweiß, mit 1 Messerspitze Salz
*steif geschlagen ***
*50 g Mandeln, gemahlen ***
125 g Mehl, mit 125 g Speisestärke
*und 1 Messerspitze Salz vermischt ***
1 Packung Schokoladenglasur, im
Wasserbad aufgelöst

Butter, Zucker und Eigelb schaumig rühren. Rum und Zitronensaft dazufügen. Den Eischnee darübergeben, die Mandeln daraufstreuen, die Mehlmischung darübersieben und alles vorsichtig vermischen. Eine dünne Schicht Teig in eine mit Backpapier ausgelegte Kastenform gießen. Unter dem Grill oder im Backofen bei Oberhitze goldgelb backen. Die nächste Schicht Teig daraufgießen, backen usw., bis aller Teig verbraucht ist. Den fertigen Kuchen erkalten lassen. Aus der Form stürzen und mit Schokoladenglasur bestreichen. Erstarren lassen. Mit einem scharfen Messer in Stücke schneiden.

81

Quarktörtchen mit Früchten
Foto

Vollkornrezept

Vollkornbiskuitmasse (Seite 73)

Belag
500 g Quark (20%) *
3 EL Zitronensaft *
3 EL Ahornsirup *
4 Blatt weiße Gelatine,
kalt eingeweicht, ausgedrückt,
warm aufgelöst *
⅛ l Sahne, steif geschlagen *
verschiedene Früchte,
z.B. Ananas- und Kiwischeiben,
Mandarinenspalten, Kirschen,
Himbeeren, Heidelbeeren *
1 Päckchen klarer Tortenguß,
ohne Zucker zubereitet

Die Masse auf ein mit Backpapier ausgelegtes Backblech gießen und glattstreichen. Bei 200 °C 15–20 Minuten backen, erkalten lassen. Aus dem Teig mit einem Glas Kreise ausstechen. Um jeden Kreis einen hohen Rand aus Alufolie legen.

Quark mit Zitronensaft und Ahornsirup verrühren. Langsam unter die etwas abgekühlte Gelatine rühren. Sobald die Masse anfängt zu gelieren, die Sahne unterziehen. Die Masse auf die Teigböden füllen und im Kühlschrank fest werden lassen. Die Alufolie abziehen. Mit Früchten belegen und mit Tortenguß bestreichen.

Katzenzungen
Vollkornrezept

Vollkornbiskuitmasse (Seite 73)

Die Biskuitmasse in einen Spritzbeutel mit Lochtülle füllen und 10 cm lange Streifen auf ein mit Backpapier ausgelegtes Backblech spritzen. Bei 200 °C ca. 12 Minuten backen.

Baiser- und Makronenmasse

Baisermasse besteht aus Eischnee und Zucker, bei Makronenmasse kommen noch Nüsse dazu.

▷ Das Wichtigste für das Gelingen von Baisers ist ein sehr steifer Eischnee.

So gelingt der Eischnee: Eier nacheinander über einer Tasse aufschlagen, sauber trennen. Es darf keine Spur Eigelb in das Eiweiß gelangen. Gefäß und Schneebesen müssen kalt und absolut fettfrei sein. Kunststoff- oder Porzellangefäße verwenden, keine Aluminiumschüsseln!

▷ Eischnee gleich verbrauchen, nicht lange stehen lassen.

▷ Formen mit einem Spritzbeutel mit Sterntülle auf das mit Backpapier belegte Backblech spritzen.

▷ In den *kalten* Backofen schieben und bei 100 °C mehr trocknen lassen als backen. Die Masse darf nicht braun werden, eventuell einen Kochlöffel zwischen die Ofentüre klemmen.

▷ Baisermasse zerbröckelt leicht. Mit einem Palettmesser vorsichtig vom Blech heben und auf einem Kuchengitter auskühlen lassen.

Baisermasse

4 Eiweiß ∗
1 Messerspitze Salz ∗
1 EL Zitronensaft ∗
250 g Puderzucker, gesiebt und mit 1 Messerspitze Backpulver vermischt

Eiweiß mit Salz und Zitronensaft steif schlagen. Langsam die Puderzucker-Backpulver-Mischung einrühren und weiterrühren, bis die Masse ganz steif ist. Die Schüssel muß sich umdrehen lassen, ohne daß die Masse herausfällt.

Baiser- und Makronenmasse

Ananastörtchen

Baisermasse (Seite 83)

Füllung und Belag
¼ l Milch, mit 1 Päckchen
Schokoladenpuddingpulver ohne
Kochen steif geschlagen ∗
1 kleine Dose Ananas, abgetropft ∗
⅛ l Sahne, mit 1 EL Zucker
steif geschlagen ∗
Schokoladenstreusel

Die Baisermasse in einen Spritzbeutel mit Sterntülle füllen und Kreise von 6 cm Durchmesser auf ein mit Backpapier ausgelegtes Backblech spritzen. Bei 100 °C ca. 70 Minuten backen. Vom Blech lösen und erkalten lassen. Je 2 Baiserscheiben, mit Schokoladenpudding gefüllt, zusammensetzen. Mit Ananasscheiben belegen. Mit Sahnetupfen und Schokoladenstreuseln verzieren.

Sarah-Bernhardt-Törtchen

120 g Zucker ∗ 2 EL Zitronensaft ∗
150 g Mandeln, gemahlen ∗
3 Eiweiß, mit 1 Messerspitze Salz
steif geschlagen

Füllung
¼ l Milch ∗ 60 g Zucker ∗
1 EL Kakaopulver ∗
½ Päckchen Vanillepuddingpulver,
mit 2 EL kalter Milch angerührt ∗
120 g zimmerwarme Butter ∗
200 g Kuvertüre, im Wasserbad
geschmolzen

Zucker, Zitronensaft und Mandeln in einem Topf bei mäßiger Hitze rühren, bis sich die Masse verbindet. Erkalten lassen, dann den Eischnee unterziehen. Flache Häufchen auf ein mit Backpapier ausgelegtes Backblech setzen. Bei 200 °C 10 Minuten bakken. Erkalten lassen.
Für die Füllung Milch mit Zucker und Kakaopulver aufkochen. Das Puddingpulver einrühren und kurz kochen. Vom Herd nehmen und erkalten lassen. Butter cremig rühren, den Pudding löffelweise unterrühren. Kühl stellen. Die Buttercremefüllung auf die Makronenböden türmen und mit einem angefeuchteten Messer glattstreichen. Mit Kuvertüre übergießen. Trocknen lassen.

Variation

Schokoladenbananen: Aus dem Teig längliche Stücke backen. Mit 4 EL Himbeergelee bestreichen. ½ Rezept Sarah-Bernhardt-Füllung daraufspritzen. Mit halbierten Bananen belegen. Kuvertüre darübergießen. Trocknen lassen.

Baiser- und Makronenmasse

Nußmeringen

Baisermasse (Seite 83),
125 g Haselnüsse, geröstet, gehäutet,
gemahlen, untergezogen ∗
375 ml Sahne, mit 2 EL Zucker
und 2 EL Kakaopulver steif
geschlagen

Die Baisermasse in einen Spritzbeutel mit Sterntülle füllen und schneckenförmig auf ein mit Backpapier ausgelegtes Backblech spritzen. Bei 100 °C ca. 70 Minuten backen. Vom Blech lösen und erkalten lassen. Jeweils zwei Baisers, mit der Schokoladensahne gefüllt, zusammensetzen.

Walnußtörtchen

4 Eigelb ∗ 2 EL Zucker ∗
100 g Marzipanrohmasse ∗
1 Messerspitze Zimt ∗
½ TL abgeriebene Zitronenschale ∗
180 g Haselnüsse, geröstet,
Häutchen entfernt, gemahlen ∗
80 g Walnußkerne, gehackt ∗
4 Eiweiß, mit 1 Messerspitze Salz
steif geschlagen ∗
Fett und 40 g gemahlene Mandeln
für die Förmchen

Eigelb, Zucker und Marzipan schaumig schlagen. Zimt, Zitronenschale, Haselnüsse und Walnüsse unterrühren. Zum Schluß den Eischnee unterziehen. Die Masse in gefettete, mit Mandeln ausgestreute Napfkuchenoder Briocheförmchen füllen. Bei 180 °C ca. 20 Minuten backen. Kurz abkühlen lassen, stürzen.

Mandeltörtchen

6 Eigelb ∗ 100 g Zucker ∗
1 EL Rum ∗ 1 Messerspitze Zimt ∗
40 g Schwarzbrot, geröstet, gerieben ∗
40 g Zitronat und 40 g Orangeat,
fein gewürfelt ∗ 100 g Mandeln,
gemahlen ∗ 6 Eiweiß, mit
1 Messerspitze Salz steif geschlagen ∗
Fett und 40 g gemahlene Mandeln
für die Förmchen ∗
100 g Puderzucker, mit wenig Rum
verrührt

Eigelb mit Zucker schaumig schlagen. Rum, Zimt, Schwarzbrot, Zitronat, Orangeat und Mandeln unterrühren. Zuletzt den Eischnee unterziehen. Die Masse in gefettete, mit Mandeln ausgestreute Napfkuchen- oder Briocheförmchen füllen. Bei 180 °C ca. 20 Minuten backen. Kurz abkühlen lassen, stürzen und mit Puderzuckerglasur überziehen.

Mandelmakronen

6 Eiweiß ∗ 1 Messerspitze Salz ∗
250 g Puderzucker, gesiebt ∗
200 g Mandeln, gemahlen

Eiweiß mit Salz steif schlagen, Puderzucker langsam darunterrühren und weiterrühren, bis die Masse ganz steif ist. Die Mandeln unterheben. Die Masse in einen Spritzbeutel mit Sterntülle füllen und Kreise auf ein mit Backpapier ausgelegtes Backblech spritzen. Bei 180 °C 12–15 Minuten backen. Vom Blech lösen und erkalten lassen.

Baiser- und Makronenmasse

Nougattörtchen Foto 1

Baisermasse (Seite 83) *
*100 g Kuvertüre, im Wasserbad
geschmolzen* *
40 g Mandelblättchen, geröstet

Füllung
100 g zimmerwarme Butter *
50 g Puderzucker *
200 g Nougatmasse

Die Baisermasse in einen Spritzbeutel
mit Lochtülle füllen und Kreise von
6 cm Durchmesser auf ein mit Backpapier ausgelegtes Backblech spritzen.
Bei 100 °C ca. 70 Minuten backen.
Vom Blech lösen und erkalten lassen.
Die Hälfte der Scheiben in Kuvertüre
tauchen und trocknen lassen.
Für die Füllung Butter, Puderzucker
und Nougat verrühren. Kühl stellen. In
den Spritzbeutel füllen, auf die andere
Hälfte der Scheiben spritzen und mit
den in Kuvertüre getauchten Baisers
belegen. Den Rand mit Mandelblättchen verzieren.

Pfauenaugen Foto 2

Mürbteig (Seite 25) *
*½ Glas Himbeer- oder
Johannisbeerkonfitüre*

Makronenmasse
3 Eigelb *
50 g Zucker *
120 g Marzipanrohmasse *
100 g Mandeln, gemahlen *
*6 Eiweiß, mit 1 Messerspitze Salz
steif geschlagen*

Den Mürbteig auswellen und mit einem Glas von 8 cm Durchmesser
Kreise ausstechen. Auf ein mit Backpapier ausgelegtes Backblech legen
und mit der Konfitüre bestreichen.
Für die Makronenmasse Eigelb, Zuk-
ker und Marzipan schaumig schlagen.
Die Mandeln unterrühren, den Eischnee unterziehen. Die Makronenmasse in einen Spritzbeutel mit Sterntülle füllen und die Mürbteigkreise mit
einem Rand umgeben. Bei 180 °C ca.
25 Minuten backen.

Leipziger Lerchen Foto 2

Mürbteig (Seite 25) *
Fett für die Förmchen

Makronenmasse
4 Eigelb * *60 g Zucker* *
120 g Marzipanrohmasse *
½ TL abgeriebene Zitronenschale *
60 g Mandeln, gemahlen *
*6 Eiweiß, mit 1 Messerspitze Salz
steif geschlagen*

*50 g Marzipanrohmasse,
mit 1 EL Puderzucker verknetet* *
*100 g Puderzucker,
mit etwas Zitronensaft verrührt* *
einige kandierte Kirschen, halbiert

Mit dem Teig gefettete Napfkuchen-
oder Briocheförmchen auslegen und
bei 200 °C 5 Minuten vorbacken.
Eigelb, Zucker und Marzipan schaumig schlagen. Zitronenschale und
Mandeln unterrühren. Zum Schluß
den Eischnee unterziehen. Die Masse
in die Förmchen füllen. Aus dem Mar-

Baiser- und Makronenmasse

zipan schmale Röllchen formen und auf jedes Törtchen ein Kreuz legen. Bei 175 °C ca. 30 Minuten backen. Noch warm mit Puderzuckerglasur überziehen und mit einer halben kandierten Kirsche verzieren.

Meringen   Foto 3

Baisermasse (Seite 83) ✱
375 ml Sahne, mit
2 EL Zucker und
1 TL Vanillinzucker steif geschlagen ✱
250 g Himbeeren

Die Baisermasse in einen Spritzbeutel mit Sterntülle füllen und schneckenförmig auf ein mit Backpapier ausgelegtes Backblech spritzen. Bei 100 °C ca. 70 Minuten backen. Vom Blech nehmen und erkalten lassen. Jeweils 2 Baisers, mit Sahne und Himbeeren gefüllt, zusammensetzen.

Variationen
▷ Die Meringen mit anderen Obstsorten, frisch, tiefgekühlt oder aus der Konserve, füllen.
▷ Die Meringen mit Eis füllen.

87

Spezialgebäck

Süßes Gebäck

Powidl-Kränzchen

160 g Butter * 100 g Zucker *
1 Päckchen Vanillinzucker *
2 Eier *
1 TL Zimt *
40 g Mandeln, gemahlen *
⅛ l Crème fraîche *
500 g Mehl, mit 1 Messerspitze
Salz vermischt *
Fritierfett *
⅓ Glas Pflaumenmus (Powidl) *
80 g Puderzucker

Butter, Zucker, Vanillinzucker und Eier
schaumig rühren. Zimt und Mandeln,
Crème fraîche und Mehl unterrühren
und 1 Stunde kühl stellen. Den Teig
auswellen und mit einem Glas von
6 cm Durchmesser ausstechen. Die
Ränder mehrfach einschneiden. Je
2 Plätzchen, mit etwas Wasser bestrichen, zusammensetzen. In die Mitte eine Mulde drücken. Das Fritierfett in einem weiten Topf oder einer Friteuse
erhitzen und die Plätzchen goldgelb
backen. Auf Küchenkrepp abtropfen
lassen. In die Mulde etwas Pflaumenmus geben. Mit Puderzucker bestäuben.

Florentiner

⅛ l Sahne * 3 EL Honig *
60 g Zucker * 2 EL Speisestärke,
mit 2 EL Zitronensaft angerührt *
300 g Mandelblättchen *
200 g dunkle Kuvertüre,
im Wasserbad geschmolzen *
5 kandierte Kirschen, halbiert

Sahne, Honig und Zucker aufkochen.
Die Speisestärke einrühren und kurz
mitkochen. Vom Herd nehmen, die
Mandelblättchen unterrühren und etwas abkühlen lassen. Auf Backpapier
10 Kreise mit 10 cm Durchmesser
markieren. Die Masse mit angefeuchteten Händen daraufstreichen. Bei
200 °C ca. 12 Minuten backen. Vom
Blech lösen und erkalten lassen. Die
Rückseite der Florentiner mit Kuvertüre bestreichen, mit einer Gabel ein
Wellenmuster einritzen. Trocknen lassen. Die Vorderseite mit einer halben
kandierten Kirsche belegen.

Spezialgebäck

Haselnußtaler

*⅛ l Sahne * 3 EL Honig ***
*60 g Zucker * 2 EL Speisestärke,*
*mit 2 EL Sahne angerührt ***
*1 Prise Zimt ***
250 g ganze Haselnüsse, geröstet,
*Häutchen entfernt, erkaltet ***
200 g Vollmilchkuvertüre,
im Wasserbad geschmolzen

Sahne, Honig und Zucker aufkochen. Die Speisestärke einrühren und kurz mitkochen. Vom Herd nehmen, Zimt und Haselnüsse unterrühren. Etwas abkühlen lassen. Auf Backpapier 10 Kreise mit 10 cm Durchmesser markieren. Die Masse mit angefeuchteten Händen daraufstreichen. Bei 200 °C ca. 12 Minuten backen. Vom Blech lösen und erkalten lassen. Die Rückseite mit Kuvertüre bestreichen.

Liegnitzer Bomben

*150 g Honig * 100 g Zucker ***
*1 Päckchen Vanillinzucker * 3 EL Öl ***
*60 g Butter * 3 Eier ***
*½ TL Zimt * je 1 Messerspitze Nelken*
*und Kardamom ***
*1 TL abgeriebene Zitronenschale ***
*2 EL Rum * 60 g Sultaninen ***
*60 g Mandeln, gehackt ***
*50 g Zitronat, gewürfelt ***
*50 g Marzipanrohmasse ***
250 g Mehl, mit 1 Messerspitze Salz
und ½ Päckchen Backpulver
*vermischt * 3 EL Aprikosenkonfitüre,*
*erwärmt * 150 g Kuvertüre,*
*im Wasserbad geschmolzen ***
40 g Krokant, gehackt

Honig, Zucker, Vanillinzucker, Öl und Butter miteinander erwärmen, abkühlen lassen. Langsam die Eier unterrühren, dann nacheinander die Gewürze mit den Trockenfrüchten und Marzipan, zuletzt das Mehl. Den Teig in Papierbackförmchen geben. Bei 180 °C 25–30 Minuten backen. Sofort mit Aprikosenkonfitüre bestreichen. Erkalten lassen und aus den Förmchen lösen. Mit Kuvertüre überziehen und mit den Krokantstreuseln bestreuen. Trocknen lassen.

Lebkuchenherzen

*125 g Honig * 50 g Zucker ***
*1 Päckchen Vanillinzucker * 1 Ei ***
*½ TL Zimt * je 1 Messerspitze*
*Nelken und Kardamom ***
*1 TL abgeriebene Zitronenschale ***
250 g Mehl, mit 1 Messerspitze Salz
*und 2 TL Backpulver vermischt ***
250 g Puderzucker,
mit etwas Zitronensaft angerührt
und mit Lebensmittelfarben
bunt eingefärbt

Honig, Zucker, Vanillinzucker und das Ei schaumig rühren. Dann die Gewürze und das Mehl unterrühren. Den Teig 1 cm dick auswellen und mit einer Schablone Herzen ausschneiden. Mit etwas Wasser bestreichen. Auf ein mit Backpapier ausgelegtes Backblech setzen. Bei 200 °C ca. 20 Minuten backen. Erkalten lassen. Zuckerguß in einen Tiefkühlbeutel, von dem eine ganz kleine Ecke abgeschnitten wurde, füllen, die Herzen bunt verzieren.

89

Spezialgebäck

Pischinger Törtchen Foto

*1 Packung kleine Karlsbader
Oblaten * ⅓ Glas Aprikosenkonfitüre,
mit 2 EL Aprikosenlikör verrührt *
100 g Marzipanrohmasse, mit
2 EL Puderzucker verknetet *
40 g Mandelblättchen *
200 g Kuvertüre, im Wasserbad
geschmolzen*

Die Oblaten mit Aprikosenkonfitüre
bestreichen und jeweils 2 zusammensetzen; einige Oblaten für die Verzierung beiseite legen. Marzipan auswellen, mit einem Glas im Durchmesser
der Oblaten Kreise ausstechen und auf
die Törtchen legen. Mit etwas Konfitüre bestreichen und mit Mandelblättchen bestreuen. Aus einigen Oblaten
kleinere Kreise ausschneiden. Mit Kuvertüre bestreichen und mit einer Gabel Wellenlinien ziehen. Trocknen lassen und als Verzierung auf die Marzi-
panplatte setzen. Den Rand der Törtchen mit Kuvertüre bestreichen. Trocknen lassen.

Haferflockentaschen Foto
Vollkornrezept

*150 g zimmerwarme Butter *
80 g Ahornsirup *
2 Eier *
250 g Weizenvollkornmehl *
1 Messerspitze Salz *
200 g Vollkornhaferflocken *
1 TL Zimt *
1 TL abgeriebene Zitronenschale *
½ Glas Himbeerkonfitüre ohne
Zucker (Reformhaus)*

90

Zum Bestreichen
1 Eigelb, mit 2 EL Sahne verrührt

Butter, Ahornsirup und Eier schaumig
rühren. Mehl, Salz, Haferflocken, Zimt
und Zitronenschale unterrühren und
30 Minuten kühl stellen. Den Teig auswellen und mit einem Glas von 6 cm
Durchmesser Kreise ausstechen. Eine
Hälfte jedes Kreises mit Konfitüre bestreichen und zusammenklappen. Mit
Eigelb bestreichen. Auf ein mit Backpapier ausgelegtes Backblech setzen.
Bei 200 °C ca. 20 Minuten backen.

Müslihappen Foto
Vollkornrezept

*200 g flüssiger Honig *
150 g zimmerwarme Butter *
50 g Mandeln, gehackt *
250 g Weizenvollkornmehl,
mit 1 Messerspitze Salz und
2 TL Backpulver vermischt *
200 g Vollkornhaferflocken*

Glasur
*100 g Butter, zerlassen *
80 g Ahornsirup *
4 EL dunkles Kakaopulver*

Die Zutaten zu einem Teig verrühren
und 30 Minuten kühl stellen. Auf einem mit Backpapier ausgelegten
Backblech auswellen. Bei 200 °C ca.
20 Minuten backen. Sofort in Dreiecke schneiden und erkalten lassen.
Butter, Ahornsirup und Kakaopulver
gut verrühren. Die Rückseite der Müslihappen damit glasieren. Trocknen
lassen.

Pischinger Törtchen

Haferflockentaschen

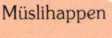

Müslihappen

Fränkische
Kartoffelfladen
Rezept Seite 93

Spezialgebäck

Kartoffeltörtchen

750 g am Vortag gekochte Kartoffeln,
geschält, gerieben *
2 Zwiebeln, geschält, gewürfelt,
in etwas Butter gedämpft, abgekühlt *
100 g Frühstücksspeck, gewürfelt *
250 g Bratwurstbrät *
100 g Paniermehl *
200 g saure Sahne * 2 Eier *
Salz * Pfeffer * Muskat *
Fett und Paniermehl für die Förmchen

Alle Zutaten miteinander verrühren. Kleine Napfkuchen- oder Brioche-förmchen einfetten, mit Paniermehl ausstreuen und den Teig einfüllen. Bei 200 °C ca. 40 Minuten backen.

Weinteiggebäck
Vollkornrezept

180 g Weizenvollkommehl *
¼ l Weißwein * 2 Eigelb *
2 Eiweiß, mit 1 Messerspitze Salz
steif geschlagen * Fritierfett

Zum Ausbacken
Stangensellerie, in Stücke geschnitten,
Brokkoliröschen * Spargel *
Schwarzwurzeln * Champignons *
dünne Fleischstreifen * Shrimps

Mehl, Wein und Eigelb verrühren. 10 Minuten quellen lassen. Eischnee unterheben. Das Fritierfett in einem weiten Topf oder Friteuse erhitzen.

Die Gemüse, Fleischstreifen o. ä. durch den Teig ziehen, im heißen Fett goldbraun ausbacken. Auf Küchenkrepp abtropfen lassen.

Variationen
Salbeimäuschen: Salbeiblätter durch den Teig ziehen.
Bierteiggebäck: Statt Weißwein ¼ l helles Bier verwenden.

Berliner Salzkuchen
Schusterjungen
Vollkornrezept

500 g Roggenvollkommehl,
mit 1 TL Salz und
1½ Päckchen Backpulver vermischt *
½ l Weißbier * grobes Salz *
Kümmelkörner

Die Mehlmischung mit dem Weißbier zu einem Teig verkneten. 20 Minuten ruhen lassen. Mit bemehlten Händen Brötchen daraus formen. Mit Salz und Kümmel bestreuen. Auf ein mit Backpapier ausgelegtes Backblech setzen. Bei 200 °C ca. 35 Minuten backen. Erkalten lassen.
Serviervorschlag: Halbieren und, mit Butter bestrichen, zu Bier servieren.

Kümmelküchlein
Vollkornrezept

125 g zimmerwarme Butter *
1 Ei * 2 EL Sahne *
250 g Weizenvollkommehl,
mit ½ TL Salz und 2 TL Backpulver
vermischt * Kümmelkörner

Spezialgebäck

Alle Zutaten außer Kümmel verrühren. Den Teig in Papierbackförmchen füllen und mit Kümmel bestreuen. Bei 200 °C ca. 15 Minuten backen.

Griebenschnitten
Vollkornrezept

300 g Weizenvollkornmehl ∗
20 g Hefe ∗ 1 Prise Zucker ∗
⅛ l lauwarme Milch ∗
300 g am Vortag gekochte Kartoffeln, geschält, passiert ∗ 2 Eier ∗ Salz ∗
Pfeffer ∗ Majoran ∗ 250 g Grieben ∗
Fett für das Backblech

Mehl, Hefe, Zucker und Milch zu einem Vorteig verkneten. 15 Minuten zugedeckt an einem warmen Ort gehen lassen. Die übrigen Zutaten unterrühren, erneut 30 Minuten zugedeckt gehen lassen. Den Teig auf einem gefetteten Backblech auswellen. Noch einmal 10 Minuten gehen lassen. Bei 200 °C ca. 30 Minuten backen. In Stücke schneiden und warm servieren.

Fränkische Kartoffelfladen
Foto Seite 91

20 g Hefe ∗ 6 EL lauwarme Milch ∗
500 g Mehl ∗ 1 TL Salz ∗
350 g am Vortag gekochte Kartoffeln, geschält, passiert ∗
125 g Schweineschmalz, zerlassen ∗
2 Eigelb, mit 3 EL Sahne verrührt ∗
150 g saure Sahne, mit Salz und Pfeffer gewürzt ∗ Kümmelkörner ∗
Fett für das Backblech

Die Hefe mit der Milch und etwas Mehl zu einem Vorteig anrühren. 15 Minuten zugedeckt an einem warmen Ort gehen lassen. Das restliche Mehl, Salz, Kartoffeln und Schmalz dazugeben und zu einem geschmeidigen Teig verkneten. Erneut 20 Minuten zugedeckt gehen lassen. Den Teig auswellen und Fladen ausschneiden. Einen Teil der Fladen mit Eigelb bestreichen, den anderen mit saurer Sahne. Mit Kümmel bestreuen. Die Fladen auf ein gefettetes Backblech heben und noch einmal 10 Minuten gehen lassen. Bei 200 °C ca. 20 Minuten backen.

Käsestangen mit Haferflocken
Vollkornrezept

100 g Vollkornhaferflocken ∗
150 g Weizenvollkornmehl,
mit ½ TL Salz und 2 TL Backpulver vermischt ∗ 1 Ei ∗ 4 EL Sahne ∗
100 g zimmerwarme Butter ∗
50 g Appenzeller, gerieben ∗
1 Eigelb, mit 2 EL Sahne verrührt ∗
50 g Vollkornhaferflocken ∗
50 g Appenzeller, gerieben

Haferflocken, Mehlmischung, Ei und Sahne, die Butter und den geriebenen Käse zu einem Teig verkneten und 30 Minuten kühl stellen. Den Teig auswellen und Stangen ausschneiden. Mit Eigelb bestreichen und mit Haferflocken und Käse bestreuen. Auf ein mit Backpapier ausgelegtes Backblech legen. Bei 200 °C ca. 20 Minuten backen.

Register

94

Register

BLV Kochbücher – für Sie ausgewählt

Heinz Diehsel

Das Backbuch für 1 + 2 Personen

228 Rezepte für Kuchen, Torten, Brote in kleinen Formen

Für Leute, die gern »kleinere Brötchen« backen möchten: süße und pikante Bäckereien für 1- bis 2-Personenhaushalte. Ob Hefe- oder Mürbeteig, Strudel- oder Blätterteig, Biskuit- oder Baisermasse – bei jedem Rezept sind die Backzeiten für Elektro-, Gas- und Heißlufterd angegeben.

2. Auflage, 126 Seiten, 72 Farbfotos, 29 Zeichnungen

BLV Essen und genießen 506

Barbara Engelmann, Ernestine und Irene Kohl

Selber backen mit Vollkorn

Brote, Kuchen, Kleingebäck

Vollkorn in der Backstube ist längst kein Geheimtip mehr. Selbstgebackene Brote, leckere Vollkornkuchen und -torten mit geschmacklich abgestimmten Füllungen und delikates Kleingebäck finden immer mehr Anhänger. Die Zutaten werden ebenso gründlich erklärt wie Backtechniken oder die Funktion von Getreidemühlen.

4. Auflage, 95 Seiten, 97 Farbfotos, 1 farbige Zeichnung

BLV Essen und genießen 504

Susanne Müller

Obstkuchen – Obsttorten

120 Rezepte nach Obstarten der Jahreszeiten

Obstkuchen und -torten sind eine willkommene Abwechslung zu jeder Jahreszeit. Ausführlich wird beschrieben, wie das Obst vorbehandelt wird, welche Teigarten sich für welche Füllungen und Beläge eignen und wie sie hergestellt werden. Zahlreiche Kniffe garantieren ein sicheres Gelingen!

2. Auflage, 95 Seiten, 16 Farbfotos, 40 farbige Zeichnungen